LA MORALE VÉCUE
·PATRIE· ·FAMILLE· ·HUMANITÉ·
PAR C. FRANÇAIS
Préface de M. E. LAVISSE, de l'Académie française.
AF455053
LIBRAIRIE CH·DELAGRAVE
·15, RUE SOUFFLOT · PARIS·
Cartonné 2f.

LA MORALE VÉCUE

C. FRANÇAIS

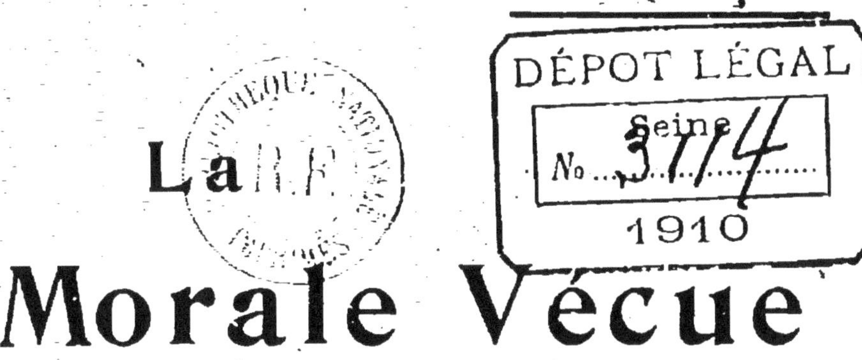

La Morale Vécue

FAMILLE — PATRIE — HUMANITÉ

> Ceux qui vivent, ce sont ceux qui luttent...;
> Ayant devant les yeux, sans cesse, nuit et jour,
> Ou quelque saint labeur ou quelque grand amour.
>
> V. HUGO.

Préface de M. E. LAVISSE, de l'Académie française.

Belles actions et dévouements héroïques, racontés par MM. Barrès, Boissier, Bourget, Brunetière, Caro, Cherbuliez, Claretie, Coppée, Deschanel, du Camp, A. Dumas, J.-B. Dumas, d'Haussonville, Hervé, Hervieu, Houssaye, Lemaitre, Loti, Mézières, de Mun, de Noailles, Ollivier, Pailleron, Perraud, Prévost-Paradol, Renan, Rousse, Rousset, Sainte-Beuve, Saint-René-Taillandier, L. Say, Sardou, de Ségur, Sully-Prudhomme, Thureau-Dangin, de Viel-Castel, de Vogüé, *de l'Académie française.*

PARIS

LIBRAIRIE CH. DELAGRAVE

15, RUE SOUFFLOT, 15

NOTES

1. *Explications des mots.* — Des mots sont expliqués au bas des pages, en termes très simples, pour les enfants, et dans le sens particulier que leur donne le texte des lectures.

2. *Gravures.* — Les gravures reproduisent, presque toutes, des œuvres de maîtres, dans lesquelles l'art fait resplendir le bien. L'auteur déclare que, dans ses notes explicatives, il n'a pas eu la prétention de faire de la critique d'art : il s'est borné à indiquer le sens moral du tableau, l'impression émouvante qui s'en dégage et va rejoindre et compléter celle de la lecture illustrée. Il aurait voulu faire entrevoir la beauté de ces chefs-d'œuvre et ouvrir à l'imagination et au sentiment des perspectives infinies... Il aurait réalisé en partie son rêve, s'il avait réussi à donner au lecteur une impression de beauté artistique et de grandeur morale.

C. FRANÇAIS.

PRÉFACE

Dans tous les temps, les hommes ont cru qu'au moment où ils vivaient le monde n'était que corruption. Ils se sont imaginé que les générations précédentes avaient été plus vertueuses que la leur. Par là ils ont été portés à trop admirer le passé, à dénigrer le présent, à s'inquiéter, et quelquefois à désespérer de l'avenir.

La raison de cette erreur dangereuse, c'est que le vice fait du bruit, que le crime est révélé par la publicité, reconnaissante de l'aliment qu'elle y trouve, au lieu que la vertu demeure à peu près ignorée. Avoir tué son semblable, c'est un fait divers; l'avoir assisté de son dévouement, ce n'est pas matière à copie pour un journaliste. Si l'on jugeait la France par la chronique des tribunaux, on la croirait peuplée de malfaiteurs.

Et pourtant notre peuple a gardé les vertus qui ennoblissent l'humanité. Il est bon, il est généreux. Il a le cœur simple. Nulle part mieux qu'en France, on ne pratique les devoirs de la famille.

Entre tous les foyers humains, le foyer français est le plus aimé, et les actes de dévouement à la famille sont chez nous innombrables. Mais le dévouement ne s'y enferme pas. Il s'offre à toutes les misères et à toutes les souffrances. Il assiste les infirmes, il recueille les abandonnés, relève ceux qui sont tombés dans le désespoir. Ces bienfaiteurs, le plus souvent, sont de petites gens modestes. Ils ne raisonnent guère leurs actions; ce ne sont point des philosophes qui discutent sur les principes de la morale. Ils suivent en toute simplicité les mouvements spontanés du cœur, qui sont si vifs dans la plus humaine des nations.

Une fois par an, la France est avertie qu'elle n'a pas dégénéré; les vertus françaises sont louées en la séance solennelle où l'Académie française décerne les prix de vertu qu'a fondés Montyon, un philanthrope de l'avant-dernier siècle. Et toujours reparaissent et défilent les héros du devoir et de la charité; et toujours l'orateur se plaint qu'il ait fallu choisir entre ceux que l'estime et l'admiration de leurs compatriotes ont proposés pour les récompenses, et il déplore qu'elles soient si mesquines en regard de l'action récompensée.

L'auteur du Recueil que j'ai l'honneur de présenter aujourd'hui aux maîtres et aux enfants de nos écoles a eu l'idée heureuse d'ajouter aux prix académiques une rémunération de grande valeur :

il propose en exemple aux petits Français les belles actions des lauréats de M. de Montyon. Ainsi seront connus et honorés par notre jeunesse les noms de tant de braves gens.

Mais l'auteur a eu une autre intention encore. Il s'est dit qu'on a tort d'aller prendre les exemples de vertu dans les temps lointains. N'est-ce pas fortifier le préjugé en faveur du passé et dénier au présent le pouvoir d'enseigner le présent? N'est-ce pas faire croire que la vertu, c'est du passé? Toute autre sera sur les écoliers l'efficacité d'exemples pris dans la vie comme ils la connaissent, et donnés par des êtres comme ils en voient tous les jours en chair et en os. Il me semble assuré que ces exemples éveilleront dans les petites âmes les bons instincts, qui sommeillent souvent et risquent de s'endormir pour de bon dans la vulgarité de la vie : instincts de bonté, de charité envers les semblables, fier instinct d'héroïsme, et qu'ainsi La Morale vécue *contribuera pour sa bonne part à l'éducation en laquelle nous mettons notre ferme espérance, l'éducation morale des enfants de notre patrie.*

Ernest LAVISSE.

LA
MORALE VÉCUE

LES HUMBLES

Tous les corps ensemble, et tous les esprits ensemble, et toutes leurs productions, ne valent pas le moindre mouvement de charité; cela est d'un ordre infiniment plus élevé.

(PASCAL [1].)

Il y a deux peuples dans le peuple français. Derrière celui qui se montre et fait le plus de bruit, il y en a un autre, le vrai celui-là, en qui bat encore le cœur de notre race, en qui s'épanouit encore la flore de ces sentiments simples, de ces vertus nécessaires sans lesquelles une nation ne pourrait pas vivre. J'en sais encore parmi nous qui ont d'autre but que l'argent, d'autre ambition que le succès, d'autre passe-temps que le plaisir; qui veulent, qui pensent, qui croient, qui espèrent, et donnent sans comp-

[1] V. la table alphabétique des biographies d'auteurs, p. 267.

ter leur intelligence à la grandeur du pays, leur travail à sa richesse, leur vie à sa défense et leur dévouement à ses misères!

C'est au plus bas de ces profondeurs, c'est parmi les plus ignorés, les plus dédaignés, les plus humbles de cette élite obscure que nous allons vous conduire. C'est de leurs luttes sans gloire, de leurs bonnes actions sans écho que nous allons vous parler.

Charité, Devoir, Héroïsme, c'est sous ces trois formes que nous vous montrerons la vertu. Encore, les trouverez-vous le plus souvent confondues l'une dans l'autre. Presque toujours, c'est par le Devoir que commence la Charité. On est un fils ou une fille dévouée, on donne à ses parents pauvres et malades son temps, ses soins, le peu d'argent que l'on gagne; puis, peu à peu, le zèle s'allume, l'âme s'agrandit, et après sa famille, qui a ses limites, on appelle à soi cette grande famille des déshérités qui, elle, n'en a pas. *Après avoir donné, on se donne;* le Bien est un engrenage : une fois le cœur pris, il faut que tout l'être y passe. C'est l'histoire de la plupart des braves gens dont nous allons vous conter les bonnes actions.

(D'après Éd. PAILLERON [1].)

La vertu est le seul bien qui ne meure pas avec l'homme.

(EURIPIDE.)

[1] V. la table alphabétique des biographies d'auteurs, p. 267.

FAMILLE

Qu'est-ce que l'homme sans ces affections du foyer qui, comme autant de racines, le fixent solidement à la terre et lui permettent d'aspirer tous les sucs de la vie? Force, bonheur, tout ne vient-il pas de là? Sans la famille, où l'homme apprendrait-il à aimer, à s'associer, à se dévouer?

(É. Souvestre.)

LA GREFFE HUMAINE

Mon enfant, tu es mon tout sur la terre; c'est pour toi que j'aime à vivre, c'est pour toi que j'ai souffert, plus pour ainsi dire que je ne pouvais supporter. Il dépend de toi maintenant de me récompenser de tout...

(PESTALOZZI à son fils.)

Un des enfants des époux Rabaud fut horriblement brûlé depuis la poitrine jusqu'aux genoux; la plaie du ventre, seule, pouvait entraîner la mort. Il fallut essayer la *greffe épidermique*[1]; le père et la mère s'offrirent du même élan pour que le médecin prît immédiatement sur eux les greffes nécessaires; cinq grandes furent prises sur le père, vingt-deux plus petites sur sa femme. Ni l'un ni l'autre n'avaient hésité un seul instant; l'opération réussit. L'enfant fut malade pendant quatorze mois; il guérit plus tard que ses parents; mais enfin il guérit. Le père et la mère ne s'étaient pas séparés dans leur sanglante offrande, nous n'avons pas voulu les séparer dans la proclamation d'un dévouement égal. Mais *c'est le jour où leur enfant fut guéri qu'ils avaient déjà reçu leur*

---

[1] *Greffe épidermique*, opération par laquelle le chirurgien reconstitue la partie détruite de la peau ou épiderme en prenant sur un autre individu (ou sur l'individu lui-même) les bandes de peau nécessaires.

récompense; ce que nous y ajoutons aujourd'hui est bien peu de chose. Ce jeune garçon, s'il se souvient comment il a été sauvé, pourra s'appliquer à lui-même les beaux vers de Victor Hugo :

> ... Que de soins, que d'amour
> Prodigués pour sa vie, en naissant condamnée,
> L'ont fait deux fois l'enfant de sa mère *obstinée*[1] !

(Caro. — 1886.)

Heureux qui peut rendre à ses parents les soins qu'il en a reçus dans son enfance. Plus heureux encore celui qui leur rend leurs sourires, leurs caresses, leurs joies.

(Bersot.)

[1] *Obstinée*, entêtée à prodiguer ses soins dévoués.

(*La Greffe humaine.*)

Cl. Braun, Clément et Cie.

MILLET. — *L'Enfant malade.*

L'enfant est bien malade. La mère, désolée, l'enveloppe dans son amour, le serre sur son cœur. Le père a fait tout ce qu'il sait et n'ose approcher ni parler. Douleur muette... Pour sauver ce petit être qui palpite de leur vie, ils donneraient, l'un et l'autre, des lambeaux de leur chair.

LE MINEUR AVEUGLE

Du courage, toujours du courage! Il n'y a de vertu qu'à cette condition. Courage pour endurer et les maladies et les peines et les *angoisses*[1] de tout genre, sans misérables lamentations; courage pour devenir et rester bienfaisants.

(SILVIO PELLICO.)

CYPRIEN Largillière, ardoisier dans les Ardennes, a perdu la vue, en 1875, par l'explosion d'un coup de mine. Cet accident le cloua sur son lit pendant huit mois. Les globes des yeux durent être arrachés, et leurs orbites ne forment plus que deux cavités béantes qui donnent au visage du blessé un aspect terrifiant. A peine debout, et malgré cette infirmité qui lui cause à certains jours de cruelles douleurs, *Largillière, au lieu d'implorer la charité, voulut se suffire à lui-même et suffire à sa famille.* Il obtint de reprendre du travail au fond de la mine. Depuis plus de vingt-cinq ans, cet aveugle fait seul, chaque jour, à travers la campagne, un trajet de six kilomètres, descend seul la longue série d'escaliers et d'échelles qui accèdent à son chantier, à deux cents mètres de profondeur; là, toujours seul, il manœuvre, entretient

[1] *Angoisse*, douleur morale profonde.

et au besoin répare une pompe à bras qui sert à évacuer les eaux d'un puisard[1]. Plusieurs fois il a dû changer de fosse et apprendre à se reconnaître dans des chemins nouveaux. Ses chefs affirment qu'il remplit son office mieux que ne le faisaient avant lui des ouvriers non aveugles. Ainsi est-il parvenu, malgré son infirmité, à subvenir aux dépenses de son ménage, à élever et à établir ses trois enfants, se faisant un point d'honneur de ne jamais rien recevoir de l'Assistance publique. Les ingénieurs des mines, au cours de leur inspection, témoins émus de ce fait extraordinaire, ont tenu à nous le signaler. Il nous a paru qu'*un tel exemple d'énergie, de vaillance, de dignité méritait d'être récompensé.*

(THUREAU-DANGIN. — 1903.)

Il est des âmes sur lesquelles le vent du malheur peut souffler longtemps sans les dessécher. Elles restent accessibles à toutes les généreuses tendresses et prêtes à toutes les vaillances.

(D'après V. CHERBULIEZ.)

[1] *Puisard*, puits destiné à recueillir les eaux de la mine.

RECETTE DE BRAVE HOMME

La réalité est, de nos jours, plus riche que la *fiction* [1] en héros de vertu.

(P. HERVIEU.)

JEAN Pichard, vigneron de Saône-et-Loire, a d'abord été un fils modèle qui entoura de soins assidus la vieillesse de ses père et mère. Les ayant perdus, il se conféra bientôt une nouvelle mission [2] : sa sœur, épuisée par la misère, devint veuve avec cinq enfants en bas âge. Ce petit monde était voué aux pires épreuves, si l'oncle n'avait été là. Jean Pichard s'institue aussitôt le soutien de cette famille qui n'est pas de lui. *Il se multiplie à l'ouvrage, s'impose des privations, renonce à toute dépense qui ne soit pas indispensable.* Un des neveux est nouveau-né, et le sein de la mère s'est tari. Eh bien! pour que le biberon soit, chaque jour, empli de lait frais, Jean Pichard ne bourrera plus sa pipe; il ne boira plus le petit verre chéri du vigneron... Nous ne nous sommes pas retenu de divulguer [3] cette recette de brave

---

[1] *Fiction,* la fable, le roman, ce qui est imaginé.

[2] *Se conféra une mission,* tint à honneur de s'imposer de nouveaux devoirs.

[3] *Divulguer,* faire connaître au public ce qui était ignoré.

homme, pour fabriquer[1], avec du tabac et de l'eau-de-vie, un allaitement exquis.

(P. HERVIEU. — 1904.)

Renonce à tes menus plaisirs pour la joie d'assurer le bien-être des tiens.

LA FEMME DU CHARPENTIER

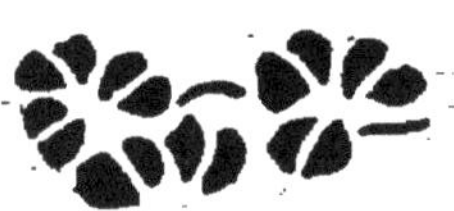

Que chacun, dans la famille, travaille avec amour au bonheur de tous!

Mme Pajot a eu onze enfants, dont sept sont vivants. Les soins qu'elle donne à ce petit monde et à sa mère octogénaire, et les travaux du ménage occuperaient la pleine journée d'une autre femme. Marie Pajot trouve du temps de reste. Chaque jour, elle va rejoindre son mari en forêt. C'est un charpentier. Elle l'aide à scier des troncs d'arbres ou elle fagote pendant qu'il débite le bois. Quand le soleil décline, elle se hâte vers sa chaumière, afin de préparer la soupe. A neuf heures,

---

[1] *Fabriquer avec*, se procurer, en économisant sur le tabac et l'eau-de-vie.

les enfants et la vieille mère sont endormis, la modeste vaisselle est lavée, le mari se couche. Marie Pajot sort de chez elle. Cette fille dévouée, cette femme incomparable, cette mère excellente, s'est créé encore d'autres devoirs. Il y a au village des malades pauvres et des vieillards infirmes. Elle soigne les uns, secourt les autres, apporte à tous un peu de bois, un peu de soupe, un peu de lait. Elle est, dit un habitant qui, sans le savoir, pense et parle comme Victor Hugo, « *une providence visible*[1]. »

(H. HOUSSAYE. — 1902.)

Imiter ma mère, non seulement m'abstenir, comme elle, de faire le mal ou d'en concevoir la pensée, mais encore faire tout le bien dont je suis capable.

(D'après MARC-AURÈLE.)

[1] *Providence*, aide surnaturelle. « Tout homme, disait V. Hugo, est la providence d'un autre homme quand, par un puissant secours, il le sauve de la misère ou de la mort. C'est une « providence visible. »

(*La Femme du charpentier.*)

Cl. Braun, Clément et Cie.

REMBRANDT. — *Le ménage du menuisier.*

Humble intérieur d'ouvrier qu'illumine un gai rayon de soleil. Le peintre glorifie le travail; la maternité, les joies profondes de la famille. C'est l'atelier et le berceau dans la caresse du soleil; c'est l'intimité du foyer avec la chaleur et le rayonnement des affections réciproques.

DÉVOUEMENT CONJUGAL

La grande chose à considérer dans la vie, c'est la douleur qu'on peut causer aux autres.

(B. CONSTANT.)

Que la femme d'un mari devenu aveugle se consacre à le soigner, qu'elle tienne son ménage, élève ses enfants et les fasse vivre avec son salaire, cela nous paraît tout naturel, et nous ne nous y arrêtons même pas. Mais si, au contraire, c'est la femme qui est devenue aveugle, et si c'est le mari qui l'entoure des soins les plus touchants, s'il s'est constitué sa garde-malade et son guide, s'il la supplée dans les soins du ménage, s'il renonce pour lui-même à tous les plaisirs et ne songe qu'à adoucir la destinée de son infortunée compagne, alors cela nous paraît tout simplement admirable. C'est l'histoire de Charles Papillon, un ancien zouave. Libéré du service militaire, il a repris son métier de couvreur, et il a épousé une rempailleuse de chaises dont il a eu cinq enfants. L'aisance régnait dans le ménage lorsque la mère est devenue aveugle, en soignant un de ses enfants atteint d'ophtalmie purulente [1].

[1] *Ophtalmie*, grave inflammation des yeux. L'ophtalmie purulente (avec production de pus) peut entraîner la perte de la vue.

Papillon n'a pas hésité. Il a renoncé à son métier de couvreur et s'est fait rempailleur de chaises à son tour. Ainsi il peut passer ses journées auprès de l'infirme qui, elle-même, a la douceur de travailler au même métier, à côté de lui. *Dans ce pauvre ménage, Papillon est devenu à la fois la femme et la mère.* L'ancien zouave se fait tour à tour cuisinière, blanchisseuse, repasseuse, bonne d'enfants. Il ne sort jamais que pour aller chercher de l'ouvrage ou pour conduire l'aveugle à la promenade. Et c'est en plein Paris, dans un quartier populeux, au milieu de toutes les tentations qui assiègent l'ouvrier, que Papillon accomplit ces prodiges d'abnégation [1].

(Comte d'Haussonville. — 1896.)

Sois fidèle à celle que ton âme aura choisie.
Chéris-la tendrement.

(M. Bouchor, *les Symboles.*)

[1] *Abnégation*, oubli complet et volontaire de soi-même pour penser aux autres.

LA PROMISE

Aime celui qui t'aime...

(V. Hugo.)

Jeanne Depresle est née au village de Verneuil, dans le département de l'Allier. Vers 1864, elle fut recherchée en mariage par Claude Pagnon, fils unique de deux vieillards dont toute la fortune consistait en un petit bien qu'ils faisaient valoir[1]. Claude fut pris par la conscription et partit après avoir échangé avec Jeanne le serment de se *rester fidèles et de s'attendre.* En 1868, Claude mourait à Philippeville. Qu'il s'endorme à jamais sur un lit d'hôpital, qu'il soit tué à l'ennemi, le soldat qui meurt au service a donné sa vie à la France! Dès que la funèbre nouvelle parvint à Verneuil, Jeanne Depresle courut chez les vieillards qui pleuraient leur fils: « Puisque je devais l'épouser, aujourd'hui je suis sa veuve; c'est pourquoi je suis votre fille et je ne vous quitterai plus. » Renversant les rôles, elle adopta le père et la mère de son fiancé. Depuis dix-huit ans, malgré bien des sollicitations, rien ne l'a détournée de sa tâche filiale. *Elle reste pieusement attachée à un souvenir, et elle a réellement remplacé celui*

[1] *Faire valoir,* cultiver pour rendre productif.

GREUZE. — *L'Accordée de village.*

Cl. Braun, Clément et Cie.

Dans cette touchante scène, examinez l'attitude des personnages et représentez-vous les sentiments divers qui les animent. Voyez surtout cette gracieuse jeune fille, au corsage blanc orné d'une rose : heureuse d'être aimée, elle est cependant émue et toute pensive devant les êtres chers que son départ attriste.

qui n'est plus. Maniant le hoyau[1], conduisant la charrue, elle cultive le lopin de terre où « les vieux » trouvent leur subsistance, et elle les a préservés de la misère. Le père Pagnon est mort il y a dix-huit mois; sa veuve affaiblie, en proie à un *lupus vorax*[2] qui lui ronge la face, n'a d'autre soutien, d'autre garde-malade que Jeanne Depresle. Parfois la pauvre vieille s'inquiète et pleure: « Que deviendrais-je si tu t'en allais? » Jeanne répond: « Ce n'est pas à craindre, puisque j'étais la promise de Claude! »

(M. Du Camp. — 1885.)

L'ingratitude la plus odieuse serait celle des enfants envers leurs parents.

(La Rochefoucauld.)

[1] *Hoyau*, instrument agricole, sorte de pioche.
[2] *Lupus vorax*, maladie, plaie qui ronge la face.

SACRIFICES A LA FAMILLE

La famille est l'école de toutes les vertus.

Une histoire que nos dossiers[1] nous racontent souvent, c'est celle des sacrifices volontaires faits à la famille ; c'est notamment l'aventure de ces pauvres filles qui renoncent au mariage pour soigner un père, une mère malades ou infirmes, pour nourrir et élever des frères, des sœurs, des neveux, pour leur assurer péniblement les avantages dont elles se sont elles-mêmes privées : anges laborieux et douloureux des étroits foyers, dont le sacrifice quotidien dure jusqu'à la vieillesse et l'on peut dire toute la vie. En maintenant et sauvant des familles au prix de leur propre bonheur, elles sauvent des forces vives, elles ménagent à la communauté tout entière des réserves inappréciables d'activité future. Leur héroïsme est des plus utiles qui soient, si la famille est la cellule fondamentale[2] des sociétés humaines. Et elles ne s'en tiennent pas là. Presque toutes, le père et la mère morts, les

---

[1] *Dossiers*, ensemble des renseignements recueillis sur les candidats aux prix de vertu.

[2] *Cellule fondamentale*, élément essentiel, premier groupement qui est la base de la société.

frères et sœurs placés, alors qu'elles pourraient enfin vivre pour elles, elles continuent à se dévouer, elles soignent, secourent, recueillent tout ce qui se rencontre sur leur chemin. Comme si, de pratiquer avec plénitude les simples devoirs de son état, cela disposait irrésistiblement à les élargir et comme si, *lorsqu'on a pris le pli de se sacrifier, il arrivait un moment où l'on ne saurait plus faire au sacrifice sa part.*

(J. LEMAITRE. — 1901.)

Plus l'amour envers les parents aura été profond, plus facile sera le passage à l'amour du prochain.

(P. BOURGET.)

TANTE JEANNE

Le bonheur appartient à qui fait des heureux.

(DELILLE.)

Au milieu du rude hiver de 1834, un fermier du canton de Montsalvy, dans le Cantal, mourait jeune encore. Il se nommait Carrier. Sa veuve dut abandonner la ferme. Le défunt lui laissait pour tout héritage une miche de pain et sept enfants, dont l'avant-dernier, une fille, s'appelait Jeanne et avait alors trois ans. Les cinq aînés entrèrent en service, la plupart *pour la vie seulement,* comme on disait, c'est-à-dire sans gages. La veuve dut travailler aux champs pour la somme de six sous par jour. Elle gardait à sa charge ses deux plus jeunes enfants. Dès que Jeanne eut un peu grandi et qu'elle put travailler de ses pauvres petites mains, elle se mit en service à son tour. Il faut croire que dès cette époque elle montrait des qualités exceptionnelles; car elle eut tout de suite des gages. Elle gagnait trois francs par an et une robe de toile par-dessus le marché. Peu à peu on l'augmenta, et elle trouva le moyen de faire des économies, qu'elle envoyait à sa mère. *Il est vrai qu'elle se privait de tout et qu'elle attendit d'avoir l'âge de quinze ans pour s'acheter ses premiers souliers.* Encore les ménageait-elle à ce point que, lorsqu'elle allait au village, elle les portait, durant un trajet de deux kilomètres, non pas à ses pieds, mais sous son bras, et ne les chaussait qu'au moment d'arriver.

A trente-trois ans, elle entrait comme servante à l'hospice d'Aurillac. Elle y est encore aujourd'hui. Les gages étaient modiques; mais à côté des trois francs par an du début, c'était la richesse. Sa première pensée fut de la partager avec sa mère. Surtout elle voulut lui faire connaître un raffinement d'existence qu'elle-même avait ignoré jusque-là. Elle venait d'apprendre par une expérience personnelle et inédite ce que c'est que de dormir sur un matelas. Dès qu'elle put acheter de la laine en quantité suffisante, elle l'envoya au logis maternel en indiquant la manière de s'en servir. La mère Carrier fut scandalisée. Coucher sur de la laine quand on peut en faire de bons et chauds vêtements, quelle folie, quelle prodigalité! « Ma fille se dérange, disait la bonne vieille, elle devient fière. » Et pour lui donner une leçon d'économie, elle fila toute cette laine et en fabriqua des habits pour ses autres enfants. Jeanne persista. *Cette fille de l'Auvergne n'était pas d'une race et d'un caractère à se décourager.* Elle acheta une nouvelle provision de laine; mais elle ne s'exposa pas cette fois à ce qu'on en tirât des vestes et des culottes. Elle envoya le matelas tout fait, et l'on fut bien obligé de l'accepter.

Après sa mère, toute sa famille a été l'objet de sa tendre et affectueuse sollicitude[1], qu'elle a répartie sur trois générations. Le nom de tante Jeanne, par lequel la désignent non seulement ses neveux et nièces, mais tous ceux qui la connaissent, rappelle cette continuité de dévouement. Tante Jeanne est modeste; *elle seule ignore tout ce qu'elle vaut; elle s'étonne quand on le lui dit: elle ne parle jamais du bien qu'elle fait.*

(D'après M. Hervé. — 1895.)

Il y a une aristocratie du bien qui se recrute dans toutes les classes de la société, et à laquelle appartiennent tous les bienfaisants, si humble que soit leur condition.

(V. Cherbuliez.)

1 *Sollicitude,* affection profonde et soins attentifs.

LES FILLES D'UN INVENTEUR

Dans la vieillesse de vos parents, souvenez-vous de votre enfance.

De toutes les carrières hasardeuses[1] qu'un père de famille prévoyant doit déconseiller à son fils, la plus remplie d'écueils, la plus féconde en déceptions, est certainement la carrière d'inventeur[2]. S'user en vains efforts pour réaliser son idée, se heurter à chaque pas à la routine ou à la malveillance, croire vingt fois arriver au but et faire naufrage au port, et, le lendemain même du succès, se voir frustré[3] du produit de ses veilles par un plus avisé ou plus pratique que soi, telle est, depuis Christophe Colomb, l'histoire de tant de gens que possède le génie fatal des découvertes. Et passe encore pour le chercheur lui-même. Il marche dans son rêve, l'œil fixé sur son idéal, soutenu par son tenace espoir, et, quand il meurt à l'hôpital, il tombe comme un soldat frappé au matin d'une victoire. Les plus à plaindre sont les siens, qui pâtissent de tous ses

---

[1] *Carrières hasardeuses*, incertaines, dans lesquelles on court des risques.

[2] *Qu'importe!* l'inventeur, comme le poète, obéira toujours à son génie créateur, suivant, malgré tout, les suggestions de son esprit hardi ou de son âme généreuse.

[3] *Frustrer*, priver quelqu'un de ce qui lui est dû.

déboires sans partager ses illusions. Et c'est pourquoi je viens appeler votre pitié et votre sympathie sur les deux pauvres filles de M. Muiron d'Arcenant, — descendant du Muiron qui se fit tuer au pont d'Arcole[1] en couvrant de son corps le général en chef de l'armée d'Italie, — inventeur, pour son compte, d'armes perfectionnées, d'une précision surprenante, mais dont le plus clair résultat fut d'engloutir toutes ses ressources et de réduire sa femme et ses enfants à la plus noire misère.

En 1896, après bien des vicissitudes[2], le père, atteint d'un mal incurable, doit renoncer à tout travail; la mère, soucieuse de n'être plus à charge aux siens, entre comme employée dans la clinique[3] d'un docteur. Pour soutenir l'inventeur ruiné et lui fournir les médicaments nécessaires, il reste deux filles maladives, n'ayant jamais appris de métier lucratif, sourdes, de plus, à la suite de fièvres malignes contractées dès l'enfance à Saint-Louis du Sénégal. *Elles luttent depuis ce temps, avec un rare courage, pour remplir leur devoir filial :* l'une travaille pour un tapissier; la seconde peint des éventails, colorie des cartes postales; et avec le gain dérisoire de ces menus ouvrages, *elles ont trouvé moyen, en se privant elles-mêmes*

---

[1] *Pont d'Arcole*, victoire de Bonaparte en Italie sur les Autrichiens, en 1796.

[2] *Vicissitudes*, brusques changements de situation.

[3] *Clinique*, établissement médical où sont soignés les malades.

de tout, de prolonger pendant six ans l'existence de leur père. Il succombe enfin à son mal, et c'est alors leur mère qui, épuisée, doit abandonner son emploi et tombe à son tour à leur charge. Les tapisseries et les cartes postales n'étant que d'un faible rapport, pressées par le besoin, elles se souviennent qu'elles sont filles d'inventeur; mais leur ambition, plus modeste, ne vise point à la gloire : avec quelques déchets de drap et une poignée d'étoupe, elles ont imaginé de fabriquer de petits animaux, des éléphants, des canards, des lapins, qu'elles vendent soit comme jouets, soit comme pelotes. Cet humble commerce prospère dans une certaine mesure; le canard est stagnant[1] et l'éléphant est calme, mais le lapin marche d'assez bon train. Elles en ont jusqu'ici placé plus de cinq cents à vingt sous pièce. Les mille francs que l'Académie alloue aux fabricantes équivaudront donc à la vente d'un nombre égal de ces rongeurs.

(DE SÉGUR. — 1908.)

Honorez vos parents par vos paroles, vos actions, et par toutes sortes de vertus.

(LAMARTINE.)

[1] *Stagnant,* dont la vente n'augmente ni ne diminue.

UN CŒUR D'OR

Celui qui aime sa famille est sûr de devenir un honnête homme.

Les vertus de famille sont, pour le gendarme, un besoin et une habitude. Dans le mélange singulier de vie de caserne et de ménage qui constitue son existence entre son brigadier et son cheval, sa femme et ses enfants, il prend facilement le parti d'être le modèle des époux et des pères, comme il est celui des soldats. Le gendarme célibataire est une exception. Voyez ces maisons régulières et propres comme un uniforme qui s'alignent sous le drapeau, à la lisière[1] des villages. Au fond de la cour, dans l'écurie, sonne le piaffement des chevaux; à la porte, en blouse de toile et en képi, le gendarme, revenu de la « correspondance », astique son harnachement ou sa buffleterie[2], et, autour de lui, jouent des enfants, beaucoup d'enfants. La dépopulation de la France n'est pas son fait; au contraire. La femme et l'enfant du gendarme ont leur physionomie. Ils

[1] *A la lisière des villages*, ordinairement à l'entrée ou à la sortie du village.

[2] *Buffleterie*, partie de l'équipement militaire en peau de buffle, qui soutient les armes.

sont propres, bien tenus; ils ont quelque chose de la rectitude et de l'élégance militaires; ils reçoivent, dans la mesure de leur sexe, ou de leur âge, cette empreinte que donne le « métier ». Donc, nous voyons bien le gendarme époux et père, nous ne le voyons même que comme cela. Il est plus difficile de nous imaginer cet homme mûr comme soutien de vieux parents. Sa solde n'est pas forte; *s'il peut entretenir une famille, comment pourrait-il suffire à deux, celle d'où il sort et celle qu'il a créée?* C'est pourtant ce qu'a fait André Suzzoni, maréchal des logis à Avapessa (Corse). Depuis 1858, il a été le fidèle soutien de son père. Ce père est très pauvre; il a trois autres enfants à élever, et la situation devient un jour si pénible, que le fils aîné, qui a déjà vingt-quatre ans, prend une résolution héroïque. A cette époque, le remplacement militaire existait encore. Suzzoni, selon l'énergique expression des casernes, vend sa peau pour douze cents francs et part en laissant ce petit capital à sa famille sans en détourner un écu. Plus tard le père est atteint de rhumatisme, puis de cécité[1] complète. Son fils cadet l'abandonne. Deux filles qui lui restent lui sont plutôt une charge qu'un soulagement. Mais l'aîné, soldat d'élite, est devenu gendarme; il veille toujours de loin sur le vieillard. A force de privations et par merveilles d'économie, il envoie de temps à autre au pays des

[1] *Cécité*, perte de la vue.

sommes dont le chiffre étonne, deux cents francs, trois cents francs ; et, grâce à cet excellent fils, l'aveugle, qui est mort l'année dernière, à l'âge de soixante-dix-neuf ans, n'a jamais été dans le besoin.

(F. Coppée. — 1893.)

Attends de tes enfants pour ta vieillesse ce que toi-même aurais fait pour ton père.

(Pittacus.)

OUVRIÈRE EN CHAPELLERIE

On doit se souvenir des bienfaits de ses parents, jamais de leurs torts.

Adèle Choiseau est une Parisienne du faubourg Saint-Antoine, petite ouvrière mécanicienne en chapellerie, corps chétif, mais grand cœur. Encore enfant, entre un père trop souvent oublieux de ses devoirs et une mère maladive, elle aide et supplée au besoin cette dernière. En 1883, sa mère est retenue pendant trois mois à l'hôpital; Adèle, qui a onze ans, tient le ménage et sert de mère à ses trois frères plus jeunes. Souvent le père ne rentrait qu'à deux heures de la nuit. « La pauvre petite, rapporte sa mère, avait peur toute seule; elle n'avait pas grand'chose à manger et pas de feu; en attendant son père, elle faisait ses devoirs de classe. » Entrée à douze ans en apprentissage, elle se charge de travaux supplémentaires pour gagner quelques sous et amasse ainsi péniblement vingt francs à la caisse d'épargne. Son père tombe malade; elle sacrifie, pour le soigner, ses petites économies. En 1890, le père abandonne sa femme. Adèle, alors âgée de dix-huit ans, promet à sa mère de ne jamais la quitter et de la faire vivre, elle et ses jeunes frères, par son travail. La tâche est lourde; Mme Choiseau, de plus en plus maladive, ne peut presque rien faire et finit même par tomber en paralysie. Deux frères survivent; l'un d'eux est atteint de tuberculose des os; sa sœur lui prodigue les soins les plus tendres, ne consent à le laisser aller à l'hôpital que quand il faut lui couper la jambe ou lui faire subir quelque autre opération, et alors elle s'ingénie, se prive de tout, au besoin déjeune d'un morceau de pain, pour lui porter quelque douceur; elle continue ainsi pendant dix longues années, jusqu'au jour où le malade meurt entre ses bras. L'autre frère, pour des raisons différentes, est aussi à sa charge pendant plusieurs années. Entre temps, en 1893, Adèle a été informée que son père était tombé gravement malade. *Oublieuse des torts qu'il a eus, elle court auprès de lui, avec sa mère,* mais arrive trop tard; il est déjà mort. Elle lui rend pieusement les derniers devoirs.

Apprenant qu'il laisse des dettes, elle ne veut pas que cette tache demeure sur sa mémoire, et elle emprunte pour désintéresser les créanciers[1].

Par quel miracle, avec son petit gain et son corps débile, la jeune ouvrière faisait-elle face à de telles dépenses et à de telles fatigues, c'est ce que ne peuvent s'expliquer ceux qui l'ont vue à l'œuvre. En rentrant de son atelier, après avoir donné ses soins à son frère et à sa mère, elle travaillait parfois jusqu'à minuit ou une heure du matin; le court sommeil qu'elle prenait ensuite était souvent interrompu par ses malades. A certains moments, elle semblait à bout de forces et sur le point de succomber; *mais la vaillance de l'âme triomphait des défaillances du corps; du reste, toujours simple et douce, en même temps que merveilleusement active et énergique.*

(THUREAU-DANGIN. — 1903.)

Rien n'est impossible : si nous avions assez de volonté, nous aurions toujours assez de moyens.

(LA ROCHEFOUCAULD.)

1 *Désintéresser les créanciers*, payer le capital et les intérêts à ceux qui ont prêté ou vendu.

CELLE QUI JEÛNE

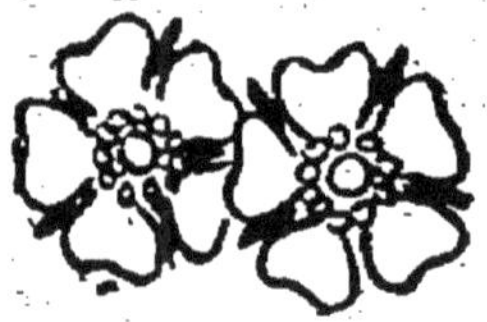

Que ceux que nous aimons ignorent toujours les sacrifices que nous leur faisons !

S'il est doux de faire part de son aisance à ceux qu'on aime, si c'est un devoir facile de prendre sur son superflu pour leur rendre l'existence moins misérable, le sacrifice devient très méritoire quand il faut, pour les secourir, se retrancher le nécessaire. Louise Germain est employée depuis trente-sept ans à la manufacture de dentelles de Dieppe ; elle est seule avec sa mère qu'elle nourrit de son travail. Pour ne pas s'en séparer, elle a refusé de se marier ; elle la soigne avec un zèle et une tendresse qui ne se sont jamais démentis. La vie pourtant est rude dans ce pauvre ménage : la vieille femme, qui a aujourd'hui soixante-seize ans, est percluse de douleurs[1] et à demi paralysée. Elle passe ses journées à souffrir ; la nuit, elle ne se trouve guère à l'aise dans ce lit étroit et sur cette dure paillasse, qui sert à la mère et à la fille ; et on lui a entendu dire : « Je voudrais bien ne pas mourir avant

[1] *Percluse de douleurs*, immobilisée par de grandes souffrances physiques.

d'avoir couché sur un matelas. » Cependant la mansarde est propre et bien rangée. Avec ses vêtements usés et rapiécés, Louise Germain est si convenablement mise, que personne autour d'elle n'a soupçonné jusqu'ici l'affreuse gêne où elle se trouve souvent réduite. *Elle ne s'est jamais plainte*, elle ne dit rien, *elle ne demande rien à personne*; et songez qu'en travaillant quatorze heures par jour elle gagne soixante-quinze centimes : c'est son unique ressource pour elle et sa mère, et, depuis des années, elle trouve moyen de s'en contenter. Par exemple, le pain n'est pas toujours abondant, et il arrive plus d'une fois, à l'approche du terme [1], quand il faut payer quelque dépense imprévue, qu'un des deux repas est supprimé. Mais Louise Germain, qui est la seule qui travaille, est aussi la seule qui jeûne. La vieille mère n'a jamais manqué de rien. *Ne trouvez-vous pas que le devoir accompli dans ces conditions touche à l'héroïsme ?*

(G. BOISSIER. — 1887.)

Faire son devoir tout entier et dans toutes les occasions, sans jamais se relâcher ni faiblir, quel mérite! et surtout le faire pour la seule satisfaction de sa conscience, quand le monde ne le saura pas, quand la personne même pour laquelle on se sacrifie ne doit pas vous en savoir gré. (G. BOISSIER.)

[1] *Terme*, époque à laquelle on paye le loyer.

UN FILS EXEMPLAIRE

Faites à vos parents une heureuse vieillesse.
(M. Bouchor, *Mohamed*[1] *aux Croyants*.)

Comment n'être pas attendri devant la conduite de Martin Luquet? C'est dans un village perdu des Basses-Alpes, à Estoublon, que cet homme de chétive santé, souvent malade, n'a cessé, depuis l'adolescence jusqu'à l'âge de vingt-six ans, de travailler afin de soulager ses parents dans l'indigence. Il allait se marier quand son père mourut, et, sur-le-champ, il renonça à s'établir pour ne pas quitter sa mère déjà vieille. A force de labeur, il avait amené un peu de bien-être au logis, lorsque, il y a huit ans, sa mère fut atteinte de paralysie générale. Son état exige des soins continuels et répugnants; elle est d'une humeur chagrine, gémit sans cesse, blesse son fils à chaque instant par un reproche injuste, par une parole dure. Mais, toujours travaillant et soignant sa chère malade, ce fils exemplaire ne la quitte que pour aller ramasser du bois dans la forêt ou laver, comme une femme, à la rivière, le peu de linge qu'il possède, car la paralytique

[1] *Mohamed*, ou Mahomet, fondateur de la religion musulmane.

doit très souvent être changée. Elle a maintenant quatre-vingts ans, et son fils en a quarante et un. Dans une masure délabrée, ouverte à tous les vents, où ne brûle par les grands froids qu'un maigre tison, il reste nuit et jour au chevet de sa mère. Il gagne fort peu, étant continuellement interrompu par ses fonctions de garde-malade. Privé de nourriture et de sommeil, il voit chaque jour ses forces diminuer. Rien ne l'abat, rien ne le décourage. Fier, il ne demande assistance à personne; modeste, il s'étonne des louanges qu'on lui adresse; résigné, il ne se plaint jamais. *Ce pauvre homme en guenilles est du moins paré de l'estime générale*, et, dans la pétition couverte de signatures qui le signale à l'Académie, je relève cette phrase, dont la naïveté vous plaira : « Il n'est pas, dans la commune, jusqu'au plus méchant qui ne lui donne un mot de félicitation. »

(F. Coppée. — 1893.)

Vos mères savent tout de la souffrance humaine,
Elles ont eu peine sur peine.
Ah! respectez-les donc, de peur d'être maudits!

(M. Bouchor, *Mohamed aux Croyants.*)

UNE MÉNAGÈRE DE TREIZE ANS

Les pauvres gens sont mariés. Le foyer est fondé. Les enfants naissent, et voici qu'une catastrophe arrive qui détruit toute cette joie... Mais sans cesse le dévouement surgit[1] pour préserver et refaire la famille par la vertu d'un de ses membres.

(P. BOURGET.)

Nous sommes en 1895, à la Rabais, un hameau de quelques feux, dans le canton de Pléneuf, en Bretagne. Joseph Boishardy est établi là comme aide-maçon. Il est marié depuis 1877 et a sept enfants. Neuf bouches à nourrir avec un salaire de 1 fr. 75 par jour, c'est une tâche dure. Ils y suffisent pourtant, lui et sa femme. Un jour, celle-ci commence à se plaindre. La besogne lui devient de plus en plus difficile. Le médecin diagnostique[2] une tumeur. Des mois pénibles commencent, de longs mois. En 1898, cette mère de sept enfants meurt. L'aînée de ces enfants est placée, elle a vingt ans. Mais que vont devenir les autres ? Que va devenir le père lui-même, entre

---

[1] *Surgit*, apparait tout à coup, se produit soudain.

[2] *Diagnostique*, reconnait la nature de la maladie après examen du malade.

Cl. Braun, Clément et Cie.

MILLET. — *La Lavandière.*

Elle se hâte de battre son linge, la jeune lavandière. D'autres besognes l'attendent. L'enfant qui tient sur ses genoux le nouveau-né le défend avec courage contre les oies criardes et menaçantes. S'il n'était protecteur, il aurait fui à toutes jambes devant l'ennemi. Mais devoir oblige !

son travail si mal payé où il doit pourtant se rendre, — c'est l'unique ressource, — et le logis où sont les orphelins sans personne pour s'en occuper? C'est la famille à vau-l'eau[1], le foyer détruit... Non. Une des filles va tout sauver: Félicité a compris qu'il *fallait une ménagère à cette maison, une mère à ces enfants, un appui moral à ce veuf*. Elle sera tout cela. Quand sa mère est tombée malade, ses treize ans se sont mis à l'école de la mourante. Elle ne l'a plus quittée, épiant ses gestes, quêtant ses conseils, pour apprendre à la remplacer. Morte, elle la remplace. Il y a dix années que ce dévouement dure. Le mémoire envoyé par les habitants de la Rabais nous la décrit depuis des années levée dès l'aube, préparant le déjeuner de ceux qui vont soit à leur journée, soit à la classe du bourg, plus tard rangeant tout dans la pauvre demeure, alternant[2] entre les apprêts des repas, la répétition des leçons de ses frères et de ses sœurs; et quand elle a quelques instants libres, elle court au lavoir ou aux champs gagner quelques sous, de quoi augmenter le chétif budget, encore diminué par une maladie du père. Un des frères, qui travaillait dans une métairie voisine, est tombé malade aussi. Ces épreuves incessantes n'ont pas découragé Félicité. Elle a repris ce frère. Elle veut *que la*

[1] *A vau-l'eau*, abandonnée, entraînée à sa perte par les événements.

[2] *Alternant*, s'occupant tour à tour de...

maison paternelle demeure l'asile où chacun se sente à la fois protecteur et protégé. Qui dira combien une famille sauvée ainsi représente d'autres familles sauvées de même rien que par l'exemple?

(P. Bourget. — 1906.)

Vivre ensemble, s'aimer les uns les autres, être prêts à se soigner et à se défendre mutuellement, aimer mieux souffrir que de voir souffrir ses proches, n'être tous ensemble qu'un même cœur : cela, c'est la famille.

(D'après Bersot.)

BRODEUSE GRABATAIRE[1]

Le cœur humain a des ressources profondes, secrètes et sacrées, pour opposer la contagion de la charité à la contagion de la misère.

(J. Claretie.)

Ne *vous figurez pas que la force physique* qui permet les efforts renouvelés *soit indispensable au dévouement;* les défaillances de la matière n'affaiblissent point l'énergie morale, et

---

[1] *Grabataire,* infirme qui passe sa vie sur un grabat ou mauvais lit.

souvent ce sont les êtres les plus débiles qui acceptent les tâches les plus lourdes. Dans le département de l'Orne vit, ou plutôt subsiste [1], Eugénie Coisel, âgée de cinquante-quatre ans, que les habitants de sa ville natale connaissent sous le surnom de la petite Madeleine. Ce fut une enfant active qui promettait une jeune fille vigoureuse, une femme apte aux travaux des champs et de la maison. La maladie en décida autrement. Vers la fin de sa treizième année, Eugénie Coisel cessa de se mouvoir; frappée d'atrophie [2] aux membres inférieurs, elle devint grabataire; depuis plus de quarante ans elle n'a point quitté son lit. Tout le jour elle brode; tâche délicate, maigre rémunération; elle en vécut cependant et elle en fit vivre sa mère infirme, qu'elle garda près d'elle et qu'elle a nourrie en travaillant sans relâche. La mère mourut; Eugénie Coisel appela une tante octogénaire, pauvre, malade, lui donna la place maternelle et broda avec plus d'énergie que jamais afin de subvenir aux exigences de deux infirmités. A force de privations et d'économie, on était parvenu, en entassant les centimes sur les centimes, à épargner deux mille francs qui représentaient des millions de points d'aiguille et promettaient quelque repos pour les derniers jours de la vieillesse. On avait toute confiance dans un

---

[1] *Subsiste*, lutte péniblement pour vivre.

[2] *Atrophie*, arrêt de croissance ou de développement; dépérissement.

(Brodeuse grabataire.)

Cl. Braun, Clément et Cie.

MILLET. — *La tricoteuse.*

Elle est toute à son humble tâche, la jeune fille qui tricote, assise sur le tertre gazonné, au bord du taillis de chênes. Elle fait son bas, recueillie, fervente comme si elle priait. Le grand peintre Millet, fils de travailleurs des champs, a voulu rendre, comme il la sentait, la beauté, la noblesse des plus modestes besognes, faites avec amour.

homme d'affaires du pays ; on déposa entre ses mains le pauvre pécule[1] si péniblement amassé ; le petit trésor disparut avec l'homme qui prit la fuite. La main de la brodeuse ne s'est point arrêtée, mais elle est moins agile, car la vue s'affaiblit sous la fatigue d'un travail sans merci[2]. La médaille de cinq cents francs envoyée par l'Académie à la petite Madeleine *raffermira le courage de son grand cœur.*

(Maxime Du Camp. — 1885.)

C'est dans l'adversité qu'on voit le vrai [courage.

(Voltaire.)

LE QUATORZIÈME ENFANT

DU MARCHAND COLPORTEUR

Dans les soins qu'elles donnent à leurs frères, les sœurs font l'apprentissage de la maternité.

Judith Lopes est la plus jeune des quatorze enfants d'un commis marchand-colporteur ; le

---

[1] *Pécule*, petite somme économisée.

[2] *Travail sans merci*, labeur fatigant, sans relâche, sans repos.

dénuement de la famille était si grand, qu'on ne put pas l'envoyer à l'école.

Dès onze ans, elle travaillait pour venir en aide à son père et à ses frères et sœurs. Malheureusement la mère était morte. Le père devient *infirme*, et voilà Judith Lopes forcée, *à dix-neuf ans*, de soutenir ce père, trois filles, deux fils et une vieille grand'mère qu'elle soigna si bien, que celle-ci ne mourut qu'à cent trois ans. Judith Lopes arrive ainsi à sa trentième année. Ne se trouvant plus assez jeune pour rêver le mariage dans les conditions ordinaires, elle épouse un ouvrier cordonnier, veuf avec quatre filles en bas âge. Elle a à son tour cinq enfants. Elle parvient à marier trois filles de son mari; mais la cadette meurt bientôt, laissant à Judith trois petits enfants; la seconde suit celle-ci peu de temps après, et laisse à son tour un enfant; la troisième, restée veuve avec un enfant, ne peut subvenir à tous ses besoins, et Judith lui vient constamment en aide. Elle a donc maintenant à soutenir et elle soutient, avec son seul travail, quinze personnes.

(A. Dumas. — 1877.)

La vie, le malheur, la pauvreté sont des champs de bataille qui ont leurs héros; héros obscurs plus grands parfois que les héros illustres.

(V. Hugo.)

VIRILE FRATERNITÉ D'ENFANTS

Le seul avantage de mon droit d'aînesse est d'avoir pu aimer mes frères un peu plus tôt.

(DUPIN aîné.)

ÉMILE et Auguste Taschet n'étaient encore que des enfants quand ils ont commencé à mériter le prix qui leur est attribué ; l'un avait alors quinze ans, et l'autre douze. Ils se trouvent un jour seuls, avec un petit frère de quatre ans, devant un lit d'hôpital où leur mère vient d'expirer. Leur père est on ne sait où ; il a déserté depuis longtemps le foyer, emmenant un autre de ses fils, voué au vagabondage[1]. L'Administration offrait de recueillir le dernier-né. Émile et Auguste refusent ; ils n'acceptent que pour eux la privation de protecteurs naturels. « Vous le feriez vivre, répondent-ils ; mais *il n'aurait plus de famille.* » Et les voilà qui, dans leur pauvre chambrette, par leur intelligente sollicitude[2], suppléent le père en fuite et la mère qui n'est plus. Ils soignent l'enfant, l'habillent, le font manger, le conduisent à l'asile, vont travailler dans une usine voisine et le

[1] *Vagabondage*, vie errante, sans domicile, sans métier, sans moyens d'existence.

[2] *Sollicitude*, voir page 23.

ramènent le soir pour le coucher. Ah! la morte peut dormir en paix! Ce n'est pas tout: trois ans après, le frère absent, abandonné du père à son tour, reparaît tout à coup, sans gîte et sans pain. Il a maintenant douze ans, et il ne rapporte du dehors que l'ignorance et la faim. Émile et Auguste le prennent encore à leur charge. L'Académie a cru *devoir traiter en hommes ces adolescents que peu d'hommes égalent en généreuse énergie.* Mais je dois avouer qu'elle a été devancée par le directeur excellent de l'usine où ils gagnent leur vie et celle de leurs frères, *car il leur alloue des salaires exceptionnels comme leur conduite.*

(SULLY-PRUDHOMME. — 1888.)

Il y a des nichées abandonnées, auxquelles manquent le père ou la mère et quelquefois les deux... Chacun doit plaindre les orphelins et leur rendre affectueusement service. Apprenez aussi, en songeant aux parents qui leur manquent, à mieux apprécier les vôtres.

(C. WAGNER.)

HÉROÏNE DE HUIT ANS

Enfants de la même mère, gardez-vous de l'égoïsme. Dans vos relations fraternelles, proposez-vous, chaque jour, d'être généreux. Faites que chacun des autres se trouve heureux de vous avoir pour frère ou sœur.

(Silvio Pellico.)

La mère de famille Guéno était allée à la fontaine, après avoir confié à l'aînée de ses filles, la petite Augustine, âgée de huit ans, la garde de ses petits frères et sœurs, au nombre de sept. Tout à coup Augustine entend un cri perçant : elle court et *aperçoit son frère, âgé de quatre ans, en train de disparaître dans un puits à sec, profond de sept mètres*. Quoique frêle et mignonne, sans hésiter elle s'y précipite, se laisse glisser jusqu'au fond, prend son petit frère avec l'un de ses bras, et, de ses pieds et de son autre bras libre, s'accrochant aux parois du puits, elle remonte le cher petit, le dépose, tout sanglant, mais sauvé, sur le lit, puis elle s'évanouit sous le coup de cette violente émotion. L'enfant sauvé a survécu à sa terrible chute.

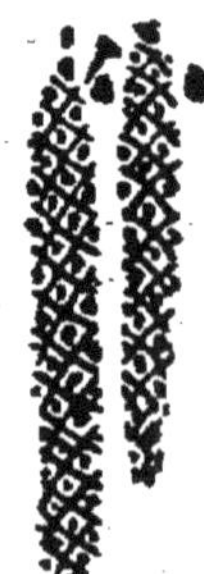

A l'âge où l'on a besoin soi-même de protection, une fillette a arraché à la mort son petit frère avec une intrépidité[1] *presque surhumaine qui nous a émus d'étonnement et d'admiration.* (E. Ollivier. — 1892.)

---

[1] *Intrépidité,* courage qui ne s'effraye ni des difficultés ni du danger.

UNE SŒUR DÉVOUÉE

La sœur a l'affection et le dévouement d'une mère : elle soutient, console et soigne avec tendresse le frère malheureux.

N'EST-CE pas une véritable héroïne qu'Angélique Venino, une bonne Lorraine dont je tiens à vous conter l'histoire? En 1870, au moment de la déclaration de la guerre, elle habitait la petite ville de Bitche[1]. Son frère était capitaine au 118e de ligne et servait dans l'armée de Metz[2]. Il fut affreusement blessé à Gravelotte[2], et, après la capitulation, laissé dans une ambulance[3] comme intransportable. Pendant ce temps, Bitche était assiégée, et Angélique Venino n'apprit la blessure de son frère qu'au mois de novembre. Au prix de mille dangers elle traverse les lignes prussiennes et pénètre dans Metz. Elle trouve son frère à l'hôpital, lui procure des vêtements civils, s'échappe avec lui, et, traversant une seconde fois les lignes prussiennes, le ramène à Bitche. La paix survint. Bitche fut cédée à l'Allemagne; mais comme la glorieuse petite ville n'avait pas

[1] *Bitche,* ville de Lorraine. Héroïque résistance en 1870.
[2] *Metz, Gravelotte,* villes de Lorraine. Combats en 1870.
[3] *Ambulance,* hôpital militaire qui suit les armées en campagne.

capitulé, le capitaine Venino put sortir avec la garnison, appuyé sur le bras de sa sœur.

Depuis lors Angélique Venino s'est consacrée à lui. Elle était jeune, elle était belle, elle était fiancée : elle a tout sacrifié pour prendre soin de ce frère invalide[1], dont les atroces blessures ne laissaient aucun espoir de guérison. Pendant vingt-trois ans elle a été son infirmière[2] assidue, s'ingéniant pour adoucir ses souffrances, vendant le peu qu'elle possédait pour lui rendre la vie un peu plus confortable, ou plutôt un peu moins douloureuse. Aujourd'hui le capitaine Venino est mort ; sa sœur a été recueillie à Nancy par des parents de condition modeste.

(Comte d'HAUSSONVILLE. — 1896.)

Pour son cœur de mère,
« Que la sœur soit bénie entre toutes les femmes. »

(D'après F. COPPÉE.)

[1] *Invalide*, soldat hors d'état de servir par ses blessures ou ses infirmités.

[2] *Infirmière*, personne qui soigne les malades à l'infirmerie ou à l'hôpital.

A SAINT-PIERRE (MARTINIQUE)

Sois le maître que tu voudrais avoir.
(V. Hugo.)

Apolline Jean entra toute jeune au service de la famille B..., qui était dans une grande aisance, et éleva les sept enfants de ses maîtres. La fortune abandonne la famille B...; les crises sucrières[1], les mauvais payeurs et les faillites la ruinent. Le père meurt, et les sept enfants sont réduits à une sorte de dénuement. La brave Apolline commence par donner tout ce qu'elle a; *elle vend les petits bijoux qu'elle a reçus en cadeaux, témoignages de contentement et d'amitié de ses maîtres aux jours de bonheur;* elle avait gagné, disait-elle, ce qu'elle possédait au service de ses maîtres : ne devait-elle pas tout leur rendre, puisque le malheur était venu?

Pour assurer la subsistance quotidienne de ses petits maîtres, elle entreprend un commerce de colportage[2].

Elle part tous les deux jours de Saint-Pierre, emportant des comestibles, des haricots, du riz, des

[1] *Crises sucrières,* baisse subite dans les prix du sucre.
[2] *Colportage,* métier du marchand ambulant qui porte et vend ses marchandises dans les campagnes ou, les jours de foire, à la ville.

bougies, du savon, et marche toute la journée dans un rayon de vingt à vingt-cinq kilomètres, puis rentre le soir, brisée de fatigue; le surlendemain, elle est toujours prête à repartir. Sa santé ne peut y suffire; elle transforme alors sa boutique ambulante en une petite échoppe [1]. On lui donne des planches pour la construire et de la paille pour la couvrir. Une personne charitable lui permet de l'installer sur un bout de terrain inoccupé. Des ouvriers lui prêtent la main; et la petite maison s'achève. Apolline ne marche plus autant, mais elle travaille davantage. Son activité et le dévouement qu'elle porte à ses maîtres lui font des amis : on l'aime, on l'aide, on la soutient; des marchands lui confient leurs marchandises et n'en reçoivent le prix qu'en cas de vente.

Elle prend parfois, — rarement, car c'est perdre quelques heures, — une courte vacance pour aller voir ses jeunes et petits amis. *Elle les embrasse et s'en retourne réconfortée, toute seule, dans la nuit, sans crainte des voleurs ni des serpents, et reprend sa vie de travail et d'abnégation.*

(L. Say. — 1890.)

Les bons maîtres font les bons serviteurs.

---

[1] *Échoppe*, petite maison en planches qui peut servir de magasin ou d'atelier.

TOUCHANTE DISCRÉTION[1]

Un silence judicieux est toujours meilleur qu'une vérité non charitable.

(François de Sales.)

La veuve Vendevelde a servi pendant trente-six ans le même maître, qui fut frappé de paralysie[2], à Paris, en 1870, tout au commencement de juillet, quelques jours avant l'explosion de la guerre. Cloué sur son lit, aux trois quarts sourd, mais encore en possession de son intelligence, *le vieillard a traversé le premier et le second siège, la guerre étrangère et la guerre civile, et il est mort au mois de juillet* 1872, *sans avoir rien su ni appris de ces événements énormes.* Par un prodige de discrétion et de vigilance, avec une délicatesse de sentiment infiniment supérieure à sa condition, la bonne servante s'est donné le contentement d'épargner à son cher infirme les longues angoisses et les plus poignantes des souffrances morales; et il est mort

---

[1] *Discrétion,* retenue dans les paroles et les actions, inspirée ici par l'affection, la bonté.

[2] *Paralysie,* privation plus ou moins complète du mouvement.

sans s'être douté que Paris avait été par deux fois assiégé.

(C. Rousset. — 1873.)

Le plus humble peut trouver en son cœur les plus délicates inspirations.

LES VIEILLES SERVANTES

Le bon serviteur est fidèle dans la mauvaise comme dans la bonne fortune.

Mon Dieu, leur histoire à toutes est à peu près pareille. En général, elles sont entrées, presque enfants, dans quelque famille que le malheur ensuite est venu frapper, et alors elles ont voulu rester sans gages au service de leurs maîtres d'autrefois; peu à peu, elles leur ont tout donné, leurs petites économies, leur force, leur saine jeunesse de paysans, ou même leur beauté, car plusieurs étaient jolies, aimées, désirées, et elles ont sacrifié cela aussi, éconduisant de braves amoureux qui les voulaient pour épouses. Il en est qui se sont mises à travailler fiévreusement tous les jours à n'importe quel rude ou ingénieux métier de leur invention, afin de pouvoir rapporter le soir un peu d'argent ou un peu de nourriture aux anciens maîtres devenus infirmes, qu'il faut encore soigner et panser avant de s'endormir.

Une ravaudeuse[1] de vieux parapluies et de vieux tamis, Joséphine Bénéteau, est entrée comme servante, à quatorze ans, il y a un demi-siècle à peu près, dans une famille de forgerons vendéens. Les enfants étaient nombreux au logis; mais, malgré les soins de leur bonne, les uns après les autres ils sont morts de la poitrine; le père à son tour les a suivis au cimetière, et bientôt il n'est plus resté que la veuve avec le dernier des fils, un jeune garçon tout frêle, qui s'est mis à travailler seul dans la forge délaissée, pour gagner le pain de la maison. Travailler, forger, battre le fer, il le fallait bien, et d'ailleurs le petit ne connaissait point d'autre métier moins dur; mais la brave Joséphine, le trouvant bien maigre et bien pâle, ne le perdait plus de vue, et pour lui éviter les fatigues excessives, surtout les sueurs dangereuses, c'était elle, le plus souvent, qui, à grand effort, frappait sur l'enclume. Il s'en est allé quand même, ce dernier enfant, vaincu lui aussi par le mal inévitable. C'est alors que, pour faire vivre la maman de tous ces morts, épuisée du reste par la maladie et le chagrin, la servante a imaginé de réparer les parapluies, les tamis ou les paniers. Et tout le jour donc, elle s'en va dans les villages,

[1] *Ravaudeuse*, qui répare des objets usés.

trottinant par les sentiers, poussant son cri de raccommodeuse, son pauvre cri chanté, qui s'éteint de plus en plus avec les ans; le soir ensuite, *quand elle rentre exténuée* [1], *elle trouve le moyen encore d'égayer un peu sa vieille maîtresse*, par de bons sourires, d'amusants propos, tout en lui préparant le repas qu'elle lui a si péniblement gagné dans sa journée.

(P. Loti. — 1898.)

A LA VIEILLE SERVANTE

I

De nos douleurs et de nos joies,
Tu pris discrètement ta part...
Avec la veuve tu fus veuve,
Orpheline avec l'orphelin.

II

Va, je t'aime, âme simple et grande,
Toi qui ne sus jamais haïr;
Je t'aime, et moi qui te commande,
Je me sens prêt à t'obéir.

(J. Autran.)

[1] *Exténuée*, très fatiguée, à bout de forces.

LE VIEUX GROGNARD

Par la charité, effusion[1] suave de l'amour, un peu de contentement peut entrer dans les existences les plus mornes.

(É. Ollivier.)

Vous n'avez pas oublié le vieux grognard[2], robuste quoique légèrement cassé, à l'aspect rébarbatif[3], grognon, impossible à épouvanter, facile à émouvoir ou à égayer, à l'occasion un peu tendre. Revenu au village, il est la bonne soumise de ses petits-enfants et les endort par les récits plus ou moins incohérents[4] et peu variés de ses hauts faits.

Il y a de la *débonnaireté*[5] du vieux grognard dans le brave Jeannin. Brave, en effet, s'il en fut, dans tous les sens. Il a été un cuirassier imposant de six pieds. Devenu l'ordonnance du chef d'escadron d'Aumont, en 1852, il le suivit dans la retraite; et lorsque des revers de fortune frappèrent son maître, il s'attacha à lui de l'*étreinte*

---

1 *Effusion*, communication des sentiments.
2 *Grognard*, vieux soldat de Napoléon Ier, toujours prêt à marcher et à se battre, mais en jurant, pestant, grognant.
3 *Rébarbatif*, dur et rebutant.
4 *Incohérent*, qui manque de suite, d'ordre logique.
5 *Débonnaireté*, excessive bonté dont on abuse.

du lierre autour de l'arbre foudroyé[1]. Nous avons vu des femmes se viriliser pour suffire à leur tâche; il s'est féminisé pour remplir la sienne, avec cette différence que, seul, il accomplit fort bien ce que souvent plusieurs femmes font très mal. Laborieux et adroit, il est, à un degré également recommandable, femme de ménage, cuisinière, couturière, repasseuse. Durant l'enfance des jeunes filles, il était bonne : doux et patient, il les promenait dans ses bras robustes. Maintenant qu'il a des loisirs, il est, avec une imperturbable égalité d'humeur, le garde-malade du vieux commandant plus qu'octogénaire, cloué sur le lit du goutteux. Le tout depuis vingt-neuf ans et sans gages. Quelquefois encore, paraît-il, *la joie intérieure du désintéressement tient lieu de salaire.*

(D'après É. Ollivier. — 1892.)

Le plaisir le plus délicat est de faire celui d'autrui.

(La Bruyère.)

[1] *Étreinte du lierre*, le lierre encore vigoureux enserre toujours l'arbre frappé de la foudre.

SÉBASTIEN BASQUE

Il s'agit d'être bon avant tout. Mon grand-père était bon... Son souvenir est resté dans bien des cœurs qu'il avait relevés ou consolés. Je suis aussi fier de mon grand-père qu'un duc ou un prince peut l'être du sien.

(GIRARDIN.)

LE SOUTIEN DE FAMILLE

SÉBASTIEN Basque est le fils d'un pauvre tailleur d'Avignon qui, venant à mourir en 1837, le laissa, à l'âge de seize ans, sans ressources, avec sa mère et cinq autres enfants plus jeunes que lui, dont il devait être désormais le seul soutien. Se considérant comme le père de cette nombreuse famille, il se dévoua tout entier à une tâche qui semblait bien au-dessus de ses forces. Les journées de travail ne suffisant pas pour assurer du pain à tous, il y ajoutait les nuits. A force de labeurs et de privations, il parvint à nourrir, à élever ses frères et ses sœurs; il s'attacha aussi à *leur inspirer les sentiments et les vertus qui pouvaient les soutenir dans leur humble existence* et les aider à en surmonter les difficultés. Mais cette existence ne devait pas se prolonger beaucoup : en 1866, tous avaient cessé de vivre, plusieurs après de longues maladies dont Sébastien Basque avait supporté tous les frais. Ce qui rend cette conduite plus digne d'admiration, c'est qu'il était marié, depuis 1845, à une femme qui ne lui avait apporté que bien peu de ressources : c'est qu'elle lui avait donné cinq enfants qui, comme vous pouvez le croire, n'ont pas été de sa part l'objet de soins moins tendres et moins dévoués que ses enfants d'adoption. Constamment réduit à un état de gêne, il trouvait pourtant les moyens de subvenir aux dépenses que nécessitait leur instruction. Tout cela est bien beau sans doute, *cela ne dépasse pourtant pas le cercle des devoirs de la famille entendus, il est vrai, dans le sens le plus large*, j'ai presque dit le plus héroïque. Mais Sébastien Basque s'est acquis bien d'autres titres à la reconnaissance et à l'admiration publiques.

LE SAUVETEUR

Doué d'une force physique, d'une agilité sans égales, il en a tiré parti pour sauver, au péril de ses jours, l'existence d'un grand nombre de ses semblables. A Avignon, en 1833, s'élançant dans le Rhône où un homme était sur le point de se noyer, il parvint à le retirer des flots. Dans la même ville, pendant les inondations de 1840, il sauva un prêtre au moment où le bateau dans lequel il passait le fleuve venait de chavirer. Quatre ans après, toujours à Avignon, un incendie s'étant déclaré dans une maison, il y pénétra en escaladant une fenêtre du premier étage, se précipita au milieu des flammes et arracha deux enfants à une mort qui semblait certaine. Il reçut pour cet acte une médaille d'honneur. En 1848, dans un autre incendie, traversant une cour en feu, il sauva encore une femme et un enfant de six mois. En 1856, une diligence dans laquelle il se trouvait fut surprise par le violent débordement d'un cours d'eau. Déjà l'eau pénétrait dans la voiture, les chevaux épouvantés s'étaient arrêtés, les voyageurs éperdus[1] appelaient au secours, le conducteur ne savait que faire. Basque, se jetant au-devant des chevaux, les saisit par les rênes et, bien qu'il eût de l'eau jusqu'aux aisselles, il réussit après une lutte désespérée à les faire reculer, de sorte que la diligence put retourner à Bassèges d'où elle était partie. Les huit voyageurs et le conducteur lui-même le proclamèrent leur sauveur, et sur leur témoignage on lui conféra encore une médaille d'honneur. Quelques années après, à Nîmes, un cheval attelé à un tilbury[2] prit le mors aux dents. Le frêle véhicule allait se briser contre la devanture d'un magasin. L'homme qui le conduisait poussait des cris de détresse. Basque saisit vigoureusement une des rênes, le cheval s'abattit, et l'homme fut sauvé. En 1861, dans une fête donnée aux arènes de Nîmes, un aéronaute, s'étant déjà élevé à une

[1] *Éperdus*, égarés par la peur.
[2] *Tilbury*, voiture légère à deux places.

grande hauteur, attirait les regards de la foule par les exercices qu'il exécutait sur le trapèze suspendu à sa nacelle. Tout à coup le ballon, brusquement dévié, précipita sa chute et s'enflamma en tombant sur un arbre. Heureusement, Basque était là. Franchissant rapidement un mur de clôture, il trouva moyen de dégager le ballon, de prévenir ainsi le plus terrible accident, et on le vit bientôt reparaître couvert de contusions, les mains et les vêtements brûlés. Enfin, en 1864, dans la banlieue d'Avignon, entendant les cris d'un enfant qui était tombé dans une mare à fumier, il s'y jeta lui-même et l'en retira vivant. Dix-neuf personnes lui doivent donc la vie.

(DE VIEL-CASTEL. — 1875.)

Je reconnais le beau à cette surprise délicieuse et grave dont il remplit l'âme et qui est l'admiration... L'Académie, en récompensant les belles actions, couronne des chefs-d'œuvre.

(SULLY-PRUDHOMME.)

UNE VIE DE MARIN

L'homme est en mer. Depuis l'enfance matelot,
Il livre au hasard sombre une rude bataille.
Pluie ou bourrasque[1], il faut qu'il sorte, il faut qu'il aille,
Car les petits enfants ont faim.

(V. Hugo.)

Regardez là-bas, sur une de ces plages de la Manche où, chaque été, nous allons promener nos *élégances languissantes*[2] *et nos paresseuses anémies*[3]. L'hiver est venu. Le vent siffle sur la grève[4]. La mer est lourde, et la nuit est noire. Dans une cabane que secoue la bise, un enfant de six ans est debout. Sa mère le tient entre ses genoux et l'enveloppe dans une pesante vareuse qu'elle a tricotée pendant tout l'automne. Elle lui passe au cou une médaille de cuivre et l'embrasse encore une fois. Le père est là-bas, dans sa barque de pêche, et il attend son matelot. Un instant encore et, comme les autres, ce petit être *appartient à l'océan, à la vague profonde, au hasard et au danger*. A vingt ans, l'État prend

---

[1] *Bourrasque*, brusque et violent coup de vent.

[2] *Élégances languissantes*, les gens du monde amollis ou affaiblis.

[3] *Paresseuses anémies*, personnes que l'appauvrissement du sang rend paresseuses ou nonchalantes.

[4] *Grève*, plage de sable et de gravier ; bord de la mer.

ces rudes enfants. Il les embarque sur ses navires. Il les envoie, au gré de sa politique, combattre les flottes formidables de l'Europe, ou guerroyer contre des peuplades barbares et se faire tuer, ceux-ci par la fièvre, dans les marécages du Niger ou du Congo[1]; ceux-là dans quelque embuscade silencieuse devant Hanoï, entre le commandant de Villiers et le brave Rivière[2].

C'est comme eux qu'a commencé Pierre Lavie. A six ans il était mousse; à quatorze ans, matelot. A vingt ans, il était embarqué sur un navire de guerre; et sept ans après, il quittait la flotte avec les galons de quartier-maître.

Bientôt après, il armait un bâteau de pêche; et, pendant quarante ans, il a navigué sans repos.

Voilà sa carrière officielle. Mais il a un autre métier, une passion à laquelle il a consacré sa vie. Il est né sauveteur, comme on naît poète, par don de nature et comme par instinct.

La mer est sa compagne et son ennemie. Il vit avec elle; mais il la surveille sans relâche, et, chaque fois qu'elle saisit une proie, il accourt pour la lui ravir.

Un pâtre des Alpes ne connaît pas mieux sa montagne qu'il ne connaît les côtes de la Manche et les courants de la mer du Nord. Il en a tourné cent fois les récifs et les écueils. Il a sondé tous

---

[1] *Niger, Congo*, régions tropicales de l'Afrique, colonies françaises.

[2] *Villiers, Rivière*, officiers français tués au Tonkin en 1883.

Cl. Braun, Clément et Cie.

JOSEPH VERNET. — *La pêche.*

les fonds de pêche hantés par nos bateaux; et partout, au hasard de sa vie, il a porté son industrie périlleuse.

C'est à Dunkerque que, presque enfant, il a fait cet apprentissage. A dix-sept ans, il se jetait à la mer pour sauver un homme tombé dans le port. Aujourd'hui il en est à quatre-vingts!... A Dunkerque, à Calais, à la côte, au large, par tous les temps et par tous les vents, tantôt des épaves isolées, tantôt des équipages entiers; de sa main il a arraché quatre-vingts créatures humaines à la mort. Si, dans un jour de fête, à Dunkerque ou à Calais, vous rencontrez jamais *un vieux marin devant lequel les fronts se découvrent avec une familiarité respectueuse*, portant sur la poitrine dix médailles et la croix d'honneur, *vous aussi saluez!* C'est le patron Lavie, dont le nom de bon augure[1] est légendaire dans ces contrées.

(ROUSSE. — 1883.)

La parole porte la marque de l'esprit de l'homme; ses actions, celles de son cœur.

---

[1] *Bon augure*, qui fait prévoir d'heureux événements, qui fait espérer le salut.

UNE INFIRMIÈRE VOLONTAIRE

Le soleil n'attend pas qu'on le prie pour faire part de sa lumière et de sa chaleur. Fais de même tout le bien qui dépend de toi, sans attendre qu'on te le demande.

(ÉPICTÈTE.)

MLLE Thérèse Parès est l'aînée de onze enfants. Pour aider ses parents, elle renonça à l'éducation qu'ils voulaient lui faire donner et s'établit couturière au bourg d'Ille. Un peu plus tard elle créa, avec deux de ses sœurs, un atelier de couture à Perpignan. La maison prospéra si bien, que la jeune fille put subvenir largement aux besoins de sa nombreuse famille. On était heureux, mais la mort jalouse frappa à coups redoublés. En quelques années, le père, la mère, huit enfants moururent. Thérèse resta seule avec les deux sœurs qu'elle avait appelées à Perpignan. Elle leur abandonna la maison de couture pour se consacrer uniquement aux malades et aux pauvres. Elle se fit infirmière volontaire; elle devint l'aide préférée du chirurgien en chef de l'hôpital Saint-Joseph. En 1884, le choléra se déclare à Vinça, pays natal de Thérèse Parès. Elle y revient en hâte. Elle s'y multiplie; elle soigne les malades, elle assiste les moribonds[1], elle ensevelit les morts. Le choléra décroît à Vinça, mais il éclate avec une violence inouïe à Estoher, au pied du Canigou[2]. Thérèse accourt à Estoher, puisque c'est là qu'il y a le plus de danger. Depuis cette époque, Mlle Parès est retournée à Vinça ; elle y vit dans la *pratique ardente de la charité*. Sa famille disparue, *elle a reporté son dévouement sur la grande famille humaine.*

(H. HOUSSAYE. — 1902.)

Combien de belles actions restent ignorées ! La statistique nous apprend que, chaque année, la criminalité va croissant... Si la police de la vertu était organisée comme la police du crime, on dirait aussi, probablement, que la vertu augmente en France.

(H. HOUSSAYE.)

---

[1] *Assiste les moribonds*, console et secourt ceux qui vont mourir.

[2] *Canigou*, massif montagneux des Pyrénées.

LES « PAUVRES GENS »

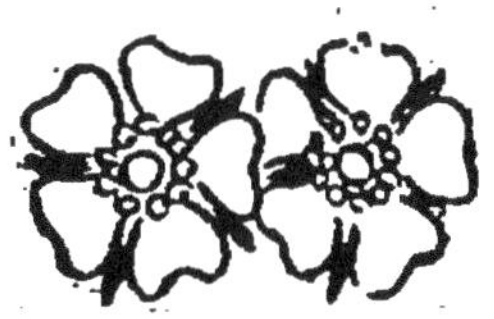

L'amour de la famille est l'unique semence de toutes les vertus sociales.
(FUNCK-BRENTANO.)

Le ménage Welsing avait, en 1902, cinq enfants, tout comme Jeannine et son homme dans le célèbre poème de Victor Hugo[1]. Le mari était simple journalier; Mme Welsing, longtemps employée dans une raffinerie[2], avait dû quitter sa place pour élever ces cinq petits êtres. M. Welsing avait un ami qui, abandonné par sa femme, meurt à l'hôpital en laissant deux fillettes, dont l'une avait dix ans et l'autre huit. « Ouvrons, » dit le pêcheur :

Ouvrons aux deux enfants, nous les mêlerons tous.
Cela nous grimpera, le soir, sur les genoux.
Ils vivront. Ils seront frère et sœur des cinq autres.

Il est bien probable que les époux Welsing n'avaient jamais lu ces beaux vers. Ils firent mieux que de les lire, ils les vécurent. Ils prirent avec eux les deux orphelins. Dix bouches à nourrir, bientôt douze, car deux autres enfants leur naquirent. L'homme suffisait à la tâche *par des*

[1] *Poème de Victor Hugo.* Le grand poète a raconté dans le poème « Les Pauvres Gens » un acte admirable de charité, semblable à celui que vous allez lire.

[2] *Raffinerie,* usine où on raffine ou épure le sucre, le pétrole, etc.

prodiges d'énergie[1]; quand un horrible accident, son pied broyé par un camion, l'immobilisa plusieurs mois et le rendit presque infirme. Par bonheur, le fils aîné était entré dans l'administration des Postes. Son faible gain était une aide. *Quelle tentation pourtant de se décharger du fardeau*[2] *librement accepté!* Jamais la pensée n'en vint à ces cœurs héroïques. Jamais les orphelines ne s'aperçurent qu'*elles étaient des étrangères au foyer de leurs bienfaiteurs*, et ceux-ci viennent de recommencer. La sœur de Mme Welsing, devenue veuve et atteinte d'une maladie grave, se trouvait seule avec deux enfants. Les époux Welsing ont pris chez eux et à leur charge ces trois personnes. Vous vous rappelez la fin des *Pauvres gens :*

Tiens, dit-elle en ouvrant les rideaux, ils sont là.

Et devant la pauvresse montrant à son homme les orphelins déjà recueillis, le poète n'ajoute pas un mot. C'est qu'il n'en est pas qui *n'affaiblît la saisissante beauté de certains gestes.* Celui que les époux Welsing ont fait deux fois est de cette sorte. (P. Bourget. — 1906.)

La charité est un sentiment de famille qui fait qu'on se sent parent, ami, frère de son semblable. Le premier mouvement d'un homme de cœur est de soulager la misère de son prochain.

(C. Wagner.)

---

1 *Prodiges d'énergie*, extraordinaire ardeur au travail.
2 *Se décharger du fardeau*, abandonner les enfants recueillis.

HÉROÏSME D'UN MARIN

Il faudrait voir, sortant de l'eau ou du feu, trempés par les paquets de mer[1] ou les sourcils brûlés par la flamme, ces vaillants qui vont au-devant de la mort avec une résolution si admirable... Les bulletins officiels des batailles ne valent pas, pour donner une idée de la lutte, un lambeau d'uniforme troué et sentant la poudre.

(J. Claretie.)

L'Académie décerne une haute récompense à un marin de Calais, Jean, Adolphe Delannoy, pour toute une vie de dévouement et de courage. Fils d'un pilote, destiné dès l'enfance à succéder à son père, Delannoy prit la mer à dix ans, et l'on peut dire qu'il ne l'a plus guère quittée. Embarqué d'abord sur un bateau de pêcheur, puis sur un navire de l'État, il se fit *une si belle réputation d'audace et d'intrépidité,* qu'on n'hésitait pas à lui confier les tâches les plus difficiles. Vous allez en juger. L'Administration voulut un jour faire connaître aux populations du littoral un nouveau canot de sauvetage[2] qu'on jugeait meilleur que les

---

[1] *Paquets de mer,* masse d'eau que le vent soulève et jette dans le bateau.

[2] *Canot de sauvetage.* — Ces canots sont construits de telle façon qu'ils se maintiennent toujours sur l'eau (insubmersibles). Ils servent aux marins courageux des stations de sauvetage à secourir les barques ou les navires en danger.

autres. Pour leur en montrer les qualités d'une manière frappante, elle eut l'idée de leur donner le spectacle d'un naufrage. Depuis Calais jusqu'à Lorient, le canot s'arrêta successivement dans chaque port; là, devant la foule assemblée, on le faisait chavirer, tourner sur lui-même, puis reprendre sa position normale; mais, afin de frapper davantage les spectateurs, on imagina de laisser un matelot accroché à l'un des bancs du bateau, en sorte qu'il devait à chaque fois être englouti par la mer et reparaître un moment après. Delannoy fut chargé de cette mission de confiance et s'en tira tout à fait à son honneur; c'est ainsi qu'il fit une connaissance intime avec ce canot de sauvetage dont il a su, dans la suite, si bien se servir.

A vingt-cinq ans, il avait déjà reçu plusieurs distinctions honorables pour des actions d'éclat; mais voici ce qui le mit tout à fait en lumière. Le 17 janvier 1867, un vaisseau qui allait de Vannes à Anvers fut jeté sur la côte et presque submergé par les flots. L'équipage eut à peine le temps de s'accrocher aux mâts et de faire des signaux de détresse. Par malheur, la mer était affreuse, et il ne paraissait pas possible d'aller au secours des naufragés avant qu'elle eût cessé de monter. On attendait donc dans une anxiété [1] fiévreuse, les yeux fixés sur ce navire qui pouvait périr d'un moment à l'autre. Le hasard voulut qu'il se trouvât dans

[1] *Anxiété*, vive inquiétude.

Cl. Braun, Clément et Cie.

REMBRANDT. — *Le jeune pêcheur.*

le port un paquebot anglais, dont les matelots n'eurent pas la patience de supporter cette pénible attente. Douze d'entre eux, sans calculer le danger, s'emparent du canot de sauvetage et sortent du port. Leur entreprise ne fut pas heureuse; à peine sont-ils hors des jetées que le canot chavire, sept se noient, et l'on a grand'peine à sauver les cinq autres. Leur catastrophe va-t-elle décourager les marins français? Au contraire: *le patriotisme se joint à l'humanité pour les exciter à tenter l'aventure;* les Anglais ont donné l'exemple dans cette lutte d'audace et d'héroïsme, il serait honteux d'être vaincus. Delannoy se présente avec six de ses camarades. Toutes les chances leur sont contraires; le canot de sauvetage est hors de service, il faut se contenter d'une barque ordinaire; on la cale du mieux qu'on peut, et l'on part aux acclamations d'une foule immense réunie sur la plage. La lutte contre le vent et la mer fut terrible. Enfin la barque approche du navire naufragé; mais, hélas! au moment où elle y touche, une vague emporte le mât de misaine[1] avec la grappe humaine qui s'y tenait accrochée. Il ne reste plus, de tout l'équipage, que deux matelots qui se tiennent encore au grand mât; après avoir risqué vingt fois sa vie, Delannoy les recueille et rentre avec ses compagnons exténués de fatigue et de froid. Les exploits de ce genre, il les a renou-

[1] *Mât de misaine*, mât d'avant. Le mât est une longue pièce de bois qui sert à supporter la voilure.

(Delannoy, père de famille.

Cl. Braun, Clément et Cie,

JOSEPH VERNET. — *Retour de la pêche.*

velés vingt et une fois de suite; il a sauvé des équipages français, danois, anglais, norvégiens, allemands; en 1875, il a été décoré de la Légion d'honneur, sur la proposition du ministre de la marine. (G. BOISSIER. — 1887.)

DELANNOY, PÈRE DE FAMILLE

La principale qualité de Delannoy, tout le monde l'atteste, c'est le calme, la résolution, le sang-froid; dans les moments les plus périlleux, il est maître de lui et trouve moyen de se tirer d'affaire où d'autres seraient restés. On nous raconte pourtant qu'une fois *il a perdu la tête*[1]. Il allait s'embarquer, lorsqu'il s'aperçoit qu'à quelque distance un enfant vient de tomber à la mer; il s'y jette à sa suite et le ramène sur l'eau évanoui, inanimé; il le regarde alors: c'était son fils, un enfant de huit ans, qui était venu sur le rivage pour embrasser son père au retour de l'école. A cette vue, ses yeux se troublent, les forces l'abandonnent, le cœur lui manque, et, sans le secours de quelques amis, il se noyait avec son précieux fardeau. C'est ainsi que ce sauveteur a eu besoin d'être sauvé. Vous voyez comme il aime les siens.

---

[1] *Perdu la tête,* a été ému au point de ne plus savoir ce qu'il faisait.

Cet homme de mer, ce rude matelot est un père de famille modèle. Il passe ses rares moments de loisir à son foyer, entre sa mère, sa femme et ses dix enfants. Sobre, simple, timide même quand il n'est pas en face du danger, il n'aime pas qu'on le loue. *Il ne raconte jamais lui-même ses belles actions, ce qui est presque aussi héroïque que de les faire;* ses camarades le respectent, ses rivaux l'aiment, la ville est fière de lui, et tous ses compatriotes se croiront couronnés en sa personne.

(G. Boissier. — 1887.)

Faites-vous un but qui puisse être celui de toute votre vie.

(Diderot.)

UNE VIE DE DÉVOUEMENT

Il faut entrer dans ces humbles et belles vies et sentir, sous la modestie et la simplicité des gestes, la noblesse, la force et la grandeur des âmes.

(J. Lemaitre.)

LA PETITE SALTIMBANQUE

Eugénie Bonnefois est née le 25 mai 1829, au bourg de Dardilly, dans le département du Rhône, d'un père cumulant les fonctions d'instituteur de l'école primaire avec celles de secrétaire de la mairie du village, et d'une mère ouvrière.

Comment, à quatre ans, trouvons-nous Mlle Bonnefois sur les tréteaux[1] d'une baraque foraine, faisant la parade pour attirer la foule dans un théâtre mécanique où des marionnettes défilaient devant le temple de Jérusalem? L'école de Dardilly n'avait pas donné la fortune à l'instituteur, et celui-ci, laissant là ces cahiers d'écoliers et ces livres que sa fille devait rouvrir plus tard, s'était jeté à l'aventure à travers le monde, menant la vie de hasard des saltimbanques. Ils l'aiment, cette existence indépendante, comme les marins aiment la mer; et quand ils l'abandonnent, ils en ont la nostalgie[2] et ils en meurent. Avez-vous jamais rencontré, au bout du chemin, quelque roulotte d'impresario[3] forain arrêtée en pleine campagne dans la halte du repos? Le cheval, détaché du brancard, broute au revers du fossé l'herbe verte, tandis que le chien au poil hérissé regarde, couché près du foyer improvisé, la marmite qui bout sur un feu de branchettes sèches. La mère surveille la soupe; par contraste, le père recoud quelque harde au coin de la haie, et des enfants vont et viennent, çà et là, dans un rayon de soleil. Mlle Bonnefois, que l'Académie

[1] *Tréteaux*, sur les planches du théâtre forain.

[2] *Nostalgie*, maladie de langueur causée par le vif désir de revenir dans son pays ou de reprendre le genre de vie abandonné.

[3] *Impresario*, chef d'une troupe de théâtre ambulant.

devait couronner un jour, fut pendant des années cette enfant errante, amusée des haltes reposantes, et qui court après les papillons ou les poules avant de remettre, en rentrant en ville, le maillot rose aux reprises cachées sous les paillettes d'or. Elle était charmante, cette femme aujourd'hui vénérable, et parfois elle récitait le boniment qui attirait le public, et elle souriait, battant du tambour, sous le costume et le tricorne des gardes françaises, lorsque la petite troupe faisait le tour de la ville en musique à l'heure de la sortie des ateliers. Et déjà, enfant ou jeune fille, elle était *la créature dévouée dont nous saluons aujourd'hui la noble existence.*

L'ancien instituteur devenu saltimbanque s'était en effet remarié, et Eugénie Bonnefois entourait de soins et de tendresse cette femme qui n'était point sa mère. Cette belle-mère, à son tour, adorait la jeune fille, et le *modèle même de la famille était donné le plus naturellement du monde par cette roulotte foraine cahotant le long des chemins ces humbles êtres qui s'aimaient.*

UNE VIE DE DÉVOUEMENT (SUITE)

L'AMBULANCIÈRE

Le vrai moyen d'adoucir ses peines,
c'est de soulager celles d'autrui.

(Mme DE MAINTENON.)

Au mois de décembre 1869, Eugénie Bonnefois perdait celle qu'elle chérissait comme sa mère. Sa douleur fut telle, qu'elle demeura dans un état de prostration[1] dont *seuls purent la tirer les malheurs de la patrie*. L'heure de l'invasion a sonné : la foraine se fait ambulancière. Il y avait, pendant le siège de Paris, dans un logis du boulevard Saint-Martin, une association de nobles femmes qui se donnaient pour tâche de porter secours aux blessés et aux malades sur les champs de bataille, dans les ambulances et dans les hôpitaux. On les appelait d'un beau nom : les sœurs de France. Mlle Bonnefois fit partie de la société, demandant au comité, pour seule faveur, d'être employée non pas en ville, mais aux remparts. Et, la croix rouge sur son brassard, on la voyait partout, l'ancienne musicienne de la baraque paternelle, qui battait de la caisse autrefois pour

[1] *Prostration*, accablement; anéantissement des forces par suite du chagrin.

attirer les spectateurs et suivait maintenant les tambours de nos soldats pour les ramasser dans la tranchée, panser les blessés sous le feu des obus, passer les nuits dans le froid glacial du rude hiver, consolant les souffrants, frappant d'admiration des chirurgiens et des officiers de l'armée, ne prenant qu'une nuit de congé tous les quinze jours, et cela du premier combat au dernier, de Bagneux à Montretout, si bien que, lorsque le diplôme de la médaille des Sœurs de France fut conféré à Mlle Bonnefois, l'attestation qui accompagnait le bronze remerciait l'ambulancière d'avoir non seulement prodigué des soins aux victimes de la guerre, mais, à l'heure de la famine et avec une abnégation très simple, d'avoir partagé ses vivres avec eux, distribué le pain déjà rare de sa ration de chaque jour.

La guerre finie, la pauvre fille se trouvait sans ressources. *Les attestations*[1] *d'héroïsme n'enrichissent pas.* Le héros du champ de bataille retourne aux champs ou à l'atelier avec quelque jambe de moins ou quelque bras amputé. *L'héroïne de l'ambulance retourne à son métier avec la misère.* Et Mlle Bonnefois n'était pas seule : le père était devenu infirme, incapable de gagner sa vie. Alors, à quarante-deux ans, la vaillante femme reprit son ancien métier : elle se refit foraine. Grâce à la confiance et à la sympathie qu'elle

1 *Attestations*, certificats ou preuves écrites fournies par un témoin.

inspirait, elle put d'abord louer un vieux panorama, puis acheter un diorama tout neuf, — de ces scènes où, à travers les verres grossissants, on va regarder, dans les baraques de toile, les faits divers de l'actualité, crimes ou catastrophes célèbres, morts illustres, drames ou batailles. Par des prodiges d'habileté et d'économie, la directrice du diorama parvint à se libérer, tout en pourvoyant aux besoins de son père, qui mourut en 1880.

UNE VIE DE DÉVOUEMENT (SUITE)

L'INSTITUTRICE

Aimer est une vertu. Se faire aimer est une autre vertu qui la complète. Ce qu'on aime en nous, c'est la bonté, l'intelligence, la fermeté, et, pour tout dire, la beauté morale.

(ROUSSEL-DESPIERRES.)

ALORS, se trouvant seule au monde, Mlle Bonnefois, pieuse et dévouée, songea à se refaire une famille. *Et cette famille, c'est la grande tribu des errants*[1], *la foule des parias*[2] *et des excommuniés*

[1] *Tribu des errants,* ceux qui, sans domicile fixe, vont à l'aventure, de ville en ville, de foire en foire.

[2] *Parias,* gens des classes malheureuses repoussés de tous.

qu'elle veut réunir dans une communauté de sentiments et de pensées. Elle se rappelle vaguement sans doute les petits paysans du bourg de Dardilly, épelant l'alphabet dans la maisonnette de l'instituteur. Elle se rappelle sûrement les jours où le curé du village enseignait le catéchisme à la petite saltimbanque avant de lui donner la communion. Ce qu'on lui a appris, elle veut à son tour l'apprendre aux autres. A Amiens, déjà, elle a fondé l'œuvre de la première communion des forains. Mais elle veut à présent leur enseigner à lire et, comme elle dit en un langage qui touchera même les philosophes, leur apprendre qu'il y a un Dieu dans le ciel et vingt-six lettres dans l'alphabet.

C'est à Paris que s'ouvrit, dans le courant de l'année 1892, la première école foraine. Les débuts de l'œuvre furent bien modestes. Sans autres ressources qu'un billet de cinquante francs offert par un ami de la première heure, ayant pour toute bibliothèque scolaire un livre d'images, Mlle Bonnefois ouvrit son école dans sa roulotte de foraine. Elle y recueillit tout d'abord douze petits saltimbanques des deux sexes, venant, étonnés, puis intéressés, apprendre à lire entre deux tours de trapèze. Et le nombre des petits élèves grandit. Bientôt elle est trop étroite, l'humble roulotte de planches; il faut lui substituer une baraque de toile et s'assurer le concours d'une institutrice. Mais les dépenses augmentent avec le nombre des élèves. Mlle Bonnefois eût succombé, malgré son courage, si de charitables personnes n'eussent secouru la vaillante fille dans sa tâche écrasante.

L'œuvre a prospéré. L'école grandit toujours. Le magnifique diorama qui était l'unique gagne-pain de la foraine est devenu comme un palais scolaire, et ce palais a une succursale [1]. L'école comptait deux cent sept élèves en 1896. Et les baraques-écoles se montent et se démontent à volonté, de façon à suivre avec tout le mobilier des classes les familles des forains dans leurs migrations [2] à travers Paris, les boulevards extérieurs et la banlieue. De la fête de Ménilmontant qui ouvre la marche jusqu'à la fête de Vincennes, la vaillante femme poursuit ainsi son labeur et suit ses élèves de station en station, leur apprenant à lire et à penser au bruit des orgues et des cymbales. Et pendant que les pauvres saltimbanques songent aux tours d'adresse qui pourront augmenter la recette du jour et grossir le morceau de pain quotidien, Eugénie Bonnefois *pense pour ces petits à ce pain de l'esprit* [3] *qu'elle pétrit en quelque sorte de ses mains*, en y ajoutant, quand il le faut, la nourriture matérielle, quitte, après la leçon donnée, à se coucher elle-même sans souper.

---

1 *Succursale*, établissement dépendant d'un autre; autre école dépendant de celle-là.

2 *Migrations*, leurs déplacements.

3 *Pain de l'esprit*, l'instruction et l'éducation.

L'école est catholique, mais tous les cultes y sont admis. « Laissez venir à moi les petits enfants. » La parole sublime ne parle pas du genre de religion. Les marchands de nougats, parmi les forains, sont mahométans ou juifs. Mlle Bonnefois a pour élèves des israélites d'Algérie et des sectateurs du Prophète [1]. Et, pour reconnaître ce caractère *libéral et philanthropique* [2] de l'école foraine, le ministre de l'Instruction publique n'a pas hésité à lui allouer une subvention de six cents francs.

L'Académie française a décerné un prix Montyon à l'institutrice des petits saltimbanques.

(J. Claretie. — 1897.)

Quiconque a laissé derrière soi la mémoire d'une noble vie a laissé à la postérité une source de bien inépuisable.

(S. Smiles.)

---

[1] *Sectateurs du Prophète,* partisans des doctrines de Mahomet.
[2] *Libéral et philanthropique,* généreux et humanitaire, qui veut le bien des hommes et cherche à le réaliser.

PATRIE

LA FRANCE

France! qu'as-tu donc fait aux nations? Tu vins
Vers celles qui pleuraient avec ces mots divins :
« Joie et paix! » Tu criais : « Espérance! Allégresse!
« Sois puissante, Amérique; et toi, sois libre, ô Grèce!
« L'Italie était grande : elle doit l'être encor,
« Je le veux! » — Tu donnas à celle-ci ton or,
A celle-là ton sang, à toutes ta lumière.
Tu défendis le droit des hommes, coutumière
De tous les dévouements et de tous les devoirs.

(V. Hugo.)

Cl. Braun, Clément et Cie.

RUDE. — La *Marseillaise*.

Le père, le fils, l'aïeul accourent pour défendre le sol menacé. Au-dessus du groupe qu'elle enlève dans un envol magnifique, la Patrie clame son appel : *Aux armes, citoyens!*

POUR LA PATRIE

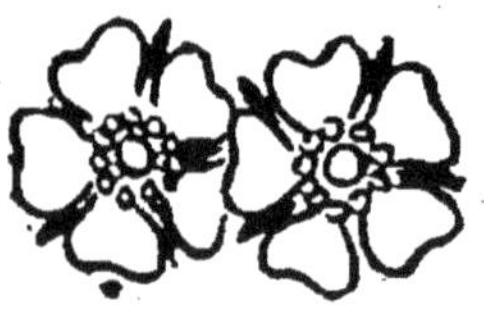

Est patriote quiconque honore son pays par son caractère, par son mérite, et, quand sonne l'heure du danger, par son courage.

(Vessiot.)

Tous les Français ont du courage, et d'abord nos soldats et nos marins. Il y a quelques mois, lorsqu'un de nos sous-marins eut coulé dans la rade de Bizerte[1], entraînant dans sa prison de fer les braves qui le montaient, l'amirauté[2] de Toulon, manquant d'hommes pour ces navires, fit appel aux gens de bonne volonté: *tout le port vint s'offrir*. C'est ainsi que la France entière répondrait, — excepté les malades, — si l'on osait toucher à son indépendance ou à son honneur. *Elle trouve la guerre moins dure que la servitude.*

(P. Deschanel. — 1905.)

En arrivant à Reichsoffen[3], Mac-Mahon s'était évanoui de douleur. Quand il revint à lui, il fut pris d'une crise de larmes. Alors un vieux soldat, s'approchant: « Monsieur le Maréchal, dit-il doucement,

---

[1] *Bizerte*, port de guerre français au nord de la Tunisie.
[2] *Amirauté*, administration supérieure du port militaire.
[3] *Reichshoffen*, ville d'Alsace. Sanglante bataille en 1870. Charge héroïque des cuirassiers français.

pourquoi pleurez-vous? Avons-nous donc refusé de mourir? »

(A. MALET, *Histoire de France.*)
(Hachette.)

Il n'est si doux d'aimer la France et de la servir, que parce qu'on sait que ses intérêts se confondent avec ceux de l'humanité et que sa grandeur est l'espérance du monde.

(V. COUSIN.)

AU MAROC

Ceux qui pieusement sont morts pour la patrie,
Ont droit qu'à leur cercueil la foule vienne et prie.
. . . .
La voix d'un peuple entier les berce en leurs
[tombeaux.

(V. HUGO.)

ADMIREZ cette poignée de braves qui, sur une plage africaine, se groupe autour du drapeau tricolore.

Voyez l'enseigne Ballande et le second-maître Labarthe[1], qui, blessés l'un et l'autre, entraînent leur petite troupe dans les rues de Casablanca[2]; le

---

[1] *Ballande et Labarthe*, officiers de marine français.

[2] *Casablanca*, petit port du Maroc occupé en 1907 par les troupes françaises, à la suite d'un soulèvement contre les Européens.

lieutenant Bernard de Teyssier, frappé en défendant contre les pillards un consulat étranger; le commandant Prévost, tué dans un retour imprévu des cavaliers marocains, au moment même où, soldat chevaleresque, il applaudissait leur furieuse fantasia[1]; le capitaine Ihler, atteint d'une balle et qu'un camarade maintient sur un cheval jusqu'au bout de la charge où il meurt; enfin, comme s'il voulait *proclamer la fraternité de nos officiers et de nos hommes*, le lieutenant Pillot, qui se noie en voulant sauver un de ses légionnaires[2]. Et comment ne pas noter que sur les trois officiers tombés là-bas, au champ d'honneur, deux sont des Français d'Alsace, nés à Thann et à Colmar! *Leur sang répandu paraît attester l'intégrité de notre patrie.*

(M. Barrès. — 1907.)

Gloire à notre France éternelle!
Gloire à ceux qui sont morts pour [elle!

(V. Hugo.)

---

[1] *Fantasia*, brillante charge de cavaliers arabes.

[2] *Légionnaire*, soldat de la légion étrangère (corps de troupe où s'enrôlent les étrangers qui veulent servir la France).

LE SOLDAT FRANÇAIS

Trois vertus distinguent le bon soldat : le courage, la discipline et la fidélité au drapeau.

Qui n'admirerait le soldat, simple habitant de la campagne ou modeste ouvrier des villes, sans ambition, désolé de quitter sa famille, et qui au bout de quelques jours, secouant son chagrin, trouvant dans ses frères d'armes une famille nouvelle, se transforme par l'esprit de corps, la discipline absolue, la vie dure, puis, quand vient la guerre, par la fatigue et l'âpreté[1] des marches, le manque fréquent de nourriture et de repos, le mépris du danger, l'élan irrésistible, le sacrifice perpétuel de la vie, les exploits admirables, le sentiment dominant de l'honneur ! Il porte tout cela avec l'esprit de gaieté française qui ne l'abandonne jamais, et, presque toujours sans avancement, sans profit, sans récompense, restant ignoré et inconnu, il n'a *d'autre préoccupation et d'autre jouissance que le sentiment du devoir accompli et la gloire du drapeau !...*

Aujourd'hui il faut avoir la fermeté de dire que

[1] *Âpreté des marches,* marches dans des chemins rudes, difficiles, hérissés d'obstacles.

nous avons éprouvé une suite de désastres inconnue à notre histoire.

On peut le déclarer sans forfanterie[1] : nos soldats n'ont succombé que sous le nombre, par l'imprévoyance des préparatifs et par le défaut de direction. Sur beaucoup de points nos troupes ont tenu tête à des forces très supérieures avec un courage qui a excité l'admiration des ennemis. N'est-il pas arrivé à un officier prussien de dire : « Si nous avions des soldats vaincus comme les vôtres l'ont été à Reichsoffen, nous les recevrions sous des arcs de triomphe ? » Notre soldat est toujours le même ; et si nos armées, qui se refont aujourd'hui et se régénèrent avec tant de promptitude et de succès, ont été écrasées par le nombre, elles n'en ont pas moins droit à notre éloge et à notre reconnaissance.

(DUC DE NOAILLES. — 1872.)

L'armée doit être l'école du désintéressement, de l'honneur, du sacrifice.

---

[1] *Sans forfanterie,* sans vouloir se vanter.

DETAILLE. — *Le Rêve.*

Cl. Braun, Clément et Cie.

Après une chaude journée de manœuvres, où ils ont été admirables d'endurance et de gaîté, les soldats reposent sur la dure, couchés à l'abri des fusils en faisceaux. Ils dorment,... ils rêvent de combats, de victoires, d'éclatantes revanches. Ils vont, ils montent en marches triomphales... Ces braves qui rêvent seraient des héros.

UNE PAUVRE FEMME

DEVANT L'ENNEMI

La bonté est chose invincible.
(MARC-AURÈLE.)

TOUTE la longue vie de Colette Fraisier, de Mentry (Jura), a *été employée au dévouement à ses semblables*. Elle a, enfant, travaillé pour ses parents ; elle a travaillé pour les malheureux ; elle a travaillé pour ses maîtres ; puis, vieillie, sans famille, elle a reporté sur les enfants de ses maîtres *le trésor d'amour et de bonté que ses quatre-vingt-huit ans n'ont pas épuisé*. C'est la vertu dans toute sa simplicité et son charme puissant, la vertu silencieuse et douce qui aime à la fois les souffrants et les logis où elle a souffert. *Elle n'a vécu que pour les autres*. A cinq ans, à l'heure de l'invasion, — d'une première invasion, hélas (1814) ! — la pauvre Colette s'interposait entre les soldats et son père, que les grenadiers autrichiens voulaient fusiller. A sept ans, le blé n'ayant point mûri et la famine étreignant[1] le Jura,

[1] *La famine étreignant :* les gens sont comme serrés à la gorge par la misère et la faim.

elle laissait son pain noir et gluant à de plus pauvres et se nourrissait d'herbes et d'orties, de racines ramassées dans les champs. Je parle de l'épouvantable famine de 1816-1817. On ne croirait pas à de telles misères si proches de nous, si des contemporains n'étaient là pour l'attester. Et Colette Fraisier devait revoir d'autres années sinistres[1].

En 1871, les Prussiens, attaqués par les francs-tireurs, voulaient brûler et piller le village de Chasmole, et la population consternée, le curé en tête, voyait arriver la flamme et le fer. Colette se rappela les Autrichiens de 1814, joignit ses mains ridées comme elle avait autrefois joint ses mains d'enfant, et le commandant allemand, se laissant toucher par ces larmes de femme, *exempta le village de la contribution de guerre*. Les anciens de Chasmole sont là pour attester que l'humble fille a sauvé la commune, comme elle a, depuis tant d'années, soulagé les malheureux.

(J. Claretie. — 1897.)

Il faut s'incliner devant le talent, mais il faut s'agenouiller devant la bonté.

---

[1] *Années sinistres*, très malheureuses.

L'ANNÉE TERRIBLE

Ceux qui n'ont pas vu la guerre ne savent pas la valeur de ces mots : amour sacré de la patrie.

(PASTEUR.)

Qui de nous n'a pas songé, avec une émotion profonde, à tout ce qui s'est dépensé en France, depuis quatorze mois, de dévouement, de charité, de générosité, de courage ! Combien les armées de Bourbaki, de Chanzy, de Faidherbe [1], dans leurs sanglantes marches à travers les neiges, ont-elles semé sur leur passage d'actions héroïques et de morts sublimes ! De combien de vertus ignorées ont été témoins nos villes envahies et nos campagnes dévastées ! Chaque jour, quelque récit particulier vient nous en apporter un nouveau et touchant témoignage, de façon que notre chère France, si humiliée depuis un an, *n'a peut-être jamais été plus grande*, et que nous n'avons jamais eu de plus nobles exemples à vous proposer, de noms plus éclatants à proclamer devant vous, car nos lauréats s'appellent Châteaudun, Saint-Quentin, Toul, Bitche, Belfort, Strasbourg, Coulmiers et Paris [2] !

---

[1] *Bourbaki, Chanzy, Faidherbe,* généraux de la défense nationale en 1870.

[2] *Châteaudun, Saint-Quentin, etc.,* villes où eurent lieu des combats ou des sièges héroïques en 1870-71.

(L'année terrible.)

Cl. Braun, Clément et Cie.

GÉRICAULT. — *Le cuirassier blessé.*

Blessé, démonté, le cavalier s'appuie sur son sabre et retient, sur une pente glissante, son cheval cabré... Malgré des prodiges d'héroïsme, on est vaincu, écrasé; on roule à l'abîme... Dans sa détresse, le malheureux lève les yeux vers un ciel sinistre.

J'ai nommé Paris; son siège restera dans notre histoire comme une date d'honneur. Cette population si ardente, si fiévreuse, devint tout à coup douce, patiente, résignée. Pendant cinq mois de privations et de dangers, pas une plainte! Pendant cinq mois de demi-impunité[1], pas une attaque nocturne, pas un vol à main armée! La cour d'assises n'a pas ouvert ses portes, et la police correctionnelle aurait presque pu fermer les siennes. Enfin, *et c'est là le vrai titre de gloire du siège,* pendant ces cinq mois il y eut une lutte incessante entre la misère et la pitié où la pitié a toujours eu le dessus!

Jusque-là, Paris avait montré souvent bien des qualités charmantes; pendant le siège, il montra des vertus. Tous, hommes et femmes, vieillards et jeunes gens, artistes et artisans, furent comme saisis par *la sublime fièvre de la charité!* Les théâtres étaient des hôtels-Dieu. Le foyer[2] de la Comédie-Française se changea en ambulance. Les femmes riches ouvraient leurs hôtels aux malades et s'y faisaient infirmières. Celles qui n'avaient pas d'argent à elles, donnaient ... l'argent des autres, c'est-à-dire quêtaient, soignaient, travail-

---

[1] *Demi-impunité :* la police de Paris, occupée par les travaux de la défense, n'avait pas le temps de rechercher les malfaiteurs.

[2] *Le foyer de la Comédie-Française,* salle où se réunissent les spectateurs ou les acteurs.

laient. En vérité, il y eut des jours où Paris ressemblait à un chapitre de l'Évangile [1].

(E. LEGOUVÉ. — 1871.)

PARIS ASSIÉGÉ

Chacun se donne à tous, et nul ne songe à soi.
J'ai payé quinze francs quatre œufs frais, non pour moi,
Mais pour mon petit George et ma petite Jeanne.
Nous mangeons du cheval, du rat, de l'ours, de l'âne;
. . . .
Je dis à tous d'aimer, de lutter, d'oublier,
De n'avoir d'ennemi que l'ennemi; je crie :
Je ne sais plus mon nom, je m'appelle Patrie!

(V. HUGO.)

---

1 *Chapitre de l'Évangile :* par la mise en pratique des préceptes de l'Évangile, entre autres celui-ci : « Aimez-vous les uns les autres, comme enfants d'un même père. »

LA SOCIÉTÉ DE SECOURS

AUX BLESSÉS MILITAIRES

O boucherie! ô soif du meurtre! acharnement
Horrible! odeur des morts qui suffoques et navres!
Soyez maudits devant ces cent mille cadavres
Et la stupide horreur de cet égorgement!

Mais sous l'ardent soleil ou sur la plaine noire,
Si, heurtant de leur cœur la gueule du canon,
Ils sont morts, Liberté, ces braves en ton nom,
Béni soit le sang pur qui fume vers ta gloire!

(LECONTE DE LISLE.)

Il y a quelques années, il s'est formé une société française intitulée *Société de secours aux blessés militaires*, en même temps que d'autres sociétés de même nature se fondaient en Europe: grande œuvre d'humanité qui honorera notre âge. Ces sociétés parvinrent à se faire reconnaître par les divers gouvernements, *dans la convention de Genève*[1], *en 1864, et firent entrer*, comme on l'a dit, *les blessés dans le droit des gens.* Il y fut stipulé[2] que les ambulances et les hôpitaux seraient reconnus neutres, de même que les blessés et les personnes qui se consacreraient à les secourir. Ce

[1] *Convention de Genève.* En 1864, la plupart des nations civilisées signèrent à Genève une convention établissant la neutralité des ambulances. Blessés et ambulanciers ne sont plus traités en ennemis.

[2] *Stipulé,* inscrit dans un des articles de cette convention.

fut la réalisation de quelques efforts isolés qui s'étaient faits autrefois.

Le but est de secourir les blessés du moment où ils tombent sur le champ de bataille jusqu'à celui où ils sont rendus guéris, soit à l'armée, soit à leurs familles : généreuse pensée, née dans la paix et qui tend à faire un peu pardonner *à la civilisation ce qui devrait lui être inconnu, la guerre*. Cette pensée mérite assurément d'être ici consignée[1] ; et quand on semble appliqué de toutes parts à multiplier les armées en même temps que les moyens de les détruire, on est heureux de voir un grand nombre d'hommes se dévouer à leur arracher une partie de leurs victimes.

En 1870, la société dont nous parlons n'était pas entièrement fondée ; mais, au premier cri de guerre, elle accourut. Le danger public lui donna la vie. Elle s'organisa aussitôt, prit tout à coup de vastes proportions, se créa un personnel énorme et dévoué, établit une foule d'ambulances et de comités dans les provinces, se trouva sur les champs de bataille avec un service matériel et médical suffisant ; et tout cela avec une rapidité et une intelligence dont tout le monde fut frappé.

Ceux qui ont parcouru les différents théâtres de la guerre ont vu cette société à l'œuvre. Ils diront avec quel dévouement *ces soldats de la charité* remplirent leur mission et exposèrent leurs vies,

[1] *Consignée*, d'être citée ici comme un titre de gloire.

et comment, après que Paris fut investi[1], ils surent conserver à la province tous ses secours sans que la capitale perdît aucun des siens.

(Duc de Noailles. — 1872.)

Je crois invinciblement que la science et la paix triompheront de l'ignorance et de la guerre; que les peuples s'entendront non pour détruire, mais pour édifier[2], et que l'avenir appartiendra à ceux qui auront le plus fait pour l'humanité souffrante.

(Pasteur.)

LES AMBULANCES PRIVÉES

Une foule d'ambulances privées surgirent, se rattachant quoique indirectement à la société générale, et pour un grand nombre recevant d'elle des subventions en argent ou en nature; toutes enrôlées comme elle sous la croix rouge: *nouvelle croisade*[3] *en faveur de l'humanité.*

Ce qui brille au premier rang dans ce mouve-

---

1 *Investi*, entouré de troupes ennemies, assiégé.
2 *Édifier*, construire, produire, créer.
3 *Nouvelle croisade:* les hôpitaux, les ambulances et les infirmiers portent comme signe distinctif une croix rouge sur fond blanc.

ment général, nous le dirons sans peine, ce sont les femmes : les unes se faisant ouvrières et travaillant pour les ambulances et les blessés dans les ouvroirs[1] ; les autres, devenant infirmières, et cela dans la France tout entière. Mais à Paris l'élan fut admirable.

On vit les dames du monde les plus élégantes, mêlées cordialement à une foule d'autres non moins dévouées, sortir tout à coup de leur vie douce pour venir dans le vaste palais de l'Industrie[2], transformé en hôpital encombré, passer toutes leurs journées et souvent leurs nuits, et cela durant cinq mois, à soigner les malades et à les servir. On les voyait, elles et toutes leurs compagnes, bravant la vue du sang et l'horreur des blessures, aider aux pansements, assister avec sang-froid aux plus cruelles opérations.

N'aurions-nous pas aussi à signaler le concours de médecins et de chirurgiens nombreux, écrasés sous le travail, et parmi lesquels on remarquait les plus célèbres et les plus habiles ?

(Duc de Noailles. — 1872.)

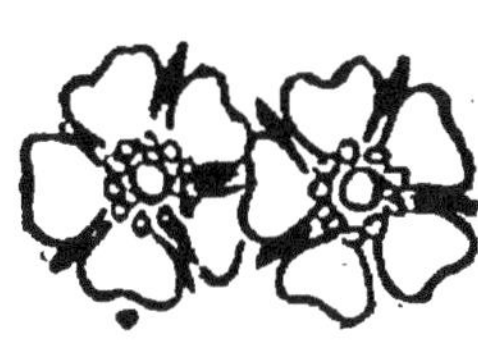

L'amour de la patrie peut seul créer l'union des esprits et des cœurs, des courages et des vertus : cette union est la vie d'un pays, sa fécondité et sa grandeur

(Ch. Lévêque.)

---

[1] *Ouvroirs*, ateliers où se réunissent ordinairement des jeunes filles pauvres pour travailler à la lingerie.

[2] *Palais de l'Industrie*, vaste édifice construit à Paris en 1858, et qui servit aux expositions universelles jusqu'en 1897.

DÉVOUEMENT

AUX PRISONNIERS DE GUERRE

Si le sort t'a fait riche, aie au bien
[l'âme prompte.
(V. Hugo.)

Il s'agit du dévouement patriotique d'un habitant de Versailles, M. Hardy, tapissier, pendant l'occupation allemande. Il était parvenu par son travail à une honnête aisance, qui lui permettait de faire modestement le bien. A la première apparition des ennemis vainqueurs et menant à leur suite une foule de prisonniers, il se sentit saisi du désir de leur venir en aide; ce désir devint bientôt une passion.

Il se mit en rapport avec les officiers allemands, les toucha et les conquit par son cœur charitable, obtint d'eux la permission d'entrer dans la prison, d'être en communication continuelle avec les prisonniers. Il s'en acquit en quelque sorte le droit. Soutenir leur courage, consoler leur tristesse, subvenir à leurs besoins, les soigner quand ils étaient malades, les mettre en correspondance avec leurs familles, faire dans la ville des collectes[1]

[1] *Collectes*, quêtes en faveur des soldats prisonniers.

pour eux, les munir de toutes choses quand on les faisait partir pour l'Allemagne, les aider, les secourir et même les distraire, *telle fut son infatigable occupation pendant près de cinq mois.* Il serait trop long de raconter tous les incidents qui se produisirent. Un grand nombre de lettres que lui ont adressées les prisonniers avec l'effusion de la reconnaissance, et diverses autres, écrites par les autorités allemandes elles-mêmes, sont le plus honorable témoignage de sa conduite.

(Duc de Noailles. — 1872.)

Une nation est une grande solidarité, constituée par le sentiment des sacrifices qu'on a faits et de ceux qu'on est disposé à faire encore.

(E. Renan.)

LE PÈRE JOSEPH

Plus la sainte patrie aura subi d'injures,
Plus le deuil sera grand, plus grand sera [l'amour.

(V. de Laprade.)

En 1870, quand éclata la guerre, le Père Joseph, qui s'était déjà signalé par sa charité dans une petite paroisse de Genève, demanda du service comme aumônier dans nos armées et se fit envoyer aux avant-postes d'Alsace. Enfermé bientôt dans Strasbourg, il passa ses jours et ses nuits aux remparts, parmi nos soldats, et gagna, sous le feu de l'ennemi, la croix de la Légion d'honneur. Quand Strasbourg eut capitulé, les Prussiens le trouvèrent aux ambulances et l'arrêtèrent ; *leur général cependant lui offrit la liberté, qu'il refusa pour s'en aller en captivité au milieu des prisonniers les plus humbles.*

Soupçonné d'espionnage par nos ennemis, que surprenait un dévouement pareil, il fut d'abord cantonné à *Rastadt*[1], surveillé de près et malmené, jusqu'au moment où l'archevêque de *Fribourg*[1], le reconnaissant pour un pur apôtre, *le couvrit de sa protection.*

« Voulez-vous aller à la mort? lui écrivit un jour ce même archevêque ; la fièvre typhoïde sévit à *Ulm*[1] : déjà deux mille de vos compatriotes en sont atteints, et pas un prêtre français n'est avec eux. » *Quelques heures après, il était à Ulm.* Il y resta neuf mois, nuit et jour au chevet des mourants, sans vouloir ni repos ni sommeil. Entre temps, il écrivait à ses amis de France, leur demandant de l'argent, des vêtements chauds, des secours de toute sorte, pour ceux qu'épargnait la contagion, mais que tourmentaient le froid et la misère. A son appel, les dons arrivaient comme

---

[1] *Rastadt*, Fribourg, Ulm : villes d'Allemagne.

par miracle, et il distribua, durant cet hiver sinistre, plus de trois cent mille francs. L'admiration alors s'imposa à nos ennemis, qui le voyaient de près à l'œuvre, et ils lui offrirent la croix de l'*Aigle noir*[1]. Mais, *de même qu'il avait naguère refusé la liberté, il déclina l'honneur*, demandant comme seule grâce que l'impératrice Augusta voulût bien lui accorder une audience, et, une fois admis devant la souveraine, il sut obtenir d'elle ce qui avait été refusé jusqu'à ce jour aux autres sollicitations françaises : *le rapatriement immédiat de tous les prisonniers épargnés par le typhus*[2]. Plus de vingt trains chargés de jeunes soldats prirent la route de nos frontières dévastées, et des centaines d'enfants de France furent ainsi sauvés par ce prêtre.

(P. Loti. — 1898.)

Gloire
Aux martyrs, aux vaillants, aux forts!
A ceux qu'enflamme leur exemple!

(V. Hugo.)

---

[1] *Croix de l'Aigle noir*, décoration allemande: ordre honorifique qui ne compte que trente-six membres en dehors de la famille royale de Prusse.

[2] *Typhus*, fièvre contagieuse très grave qui sévit surtout parmi les populations misérables et les prisonniers de guerre.

LES ALSACIENS-LORRAINS

C'est la cendre des morts qui créa la patrie.

(LAMARTINE.)

APRÈS nos désastres de 1870 et 1871, quand Metz fut séparée de la mère-patrie et que les Français qui s'y trouvaient encore eurent à *opter*[1] entre la nationalité française et la nationalité allemande, vous vous rappelez en quelle quantité nos nationaux nous revinrent, si bien que, *si la France a perdu de son sol, elle n'a, en dehors de ce qu'elle a versé sur les champs de bataille, rien perdu de son sang.*

Vous savez de quel patriotisme, de quelle résignation, de quelle fraternité firent preuve tous ces Français de naissance devenus Français volontaires. Cependant quelques-uns des nôtres optèrent, non pour le sol étranger, mais pour le sol natal, où *le cœur prend souvent des racines si profondes,* qu'il n'a plus, à un certain âge surtout, le courage ni la force de les arracher. Ceux qui nous sont revenus ont eu raison ; ceux qui sont restés ont eu leurs raisons, que nous déclarons ici toutes

[1] *Opter,* choisir.

humaines, toutes indiscutables, toutes bonnes. Jugez-en, du reste, par l'exemple suivant.

Mlle Romestin est née à Metz; elle est ouvrière en linge; elle va en journée. C'est avec ce travail quotidien ingrat, si modestement rétribué, que depuis vingt et un ans elle soigne avec le dévouement le plus admirable une pauvre fille, âgée aujourd'hui de soixante-huit ans, ouvrière comme elle, mais que depuis un quart de siècle ses infirmités empêchent de gagner sa vie. Catherine Romestin refuse, à gains égaux, de travailler à la campagne, parce qu'elle ne pourrait y emmener sa chère malade, et que cet air pur et salubre des champs, qui lui serait si nécessaire, ne lui ferait aucun bien *si elle le respirait seule*. Elle ne calcule ni avec ses forces, ni avec sa santé, et, quand elle se sent moins de vigueur, elle en est quitte pour avoir plus d'énergie. Ses riches protecteurs ne sont plus là, ils sont partis avec les pauvres protégés qui pouvaient partir. Mais elle, pouvait-elle partir? Pouvait-elle emmener en France celle qu'elle n'avait pas même le moyen d'emmener à la campagne, à quelques minutes de la ville? Pouvait-elle abandonner et laisser mourir sur son lit de douleur celle à qui elle se dévouait depuis quinze ans? A qui confier ce cher dépôt? Qui l'aurait accepté? Personne n'était venu en aide avant, à cette malade; qui lui viendrait en aide après? Non; entre deux êtres ainsi unis par la misère de l'un, par la bienfaisance de l'autre, par l'amitié commune, *il n'y a de séparation com-*

préhensible que la mort. Mlle Romestin est devenue Allemande pour rester utile, et elle se sera ainsi sacrifiée deux fois. D'ailleurs, le royaume qu'elle habite depuis longtemps n'est pas de ce monde; on n'y connaît ni limites ni distances, ni étrangers ni ennemis, ni vainqueurs ni vaincus; tous ceux qui l'habitent sont les enfants du même père : *il s'appelle la Charité.*

L'Académie française décerne à Mlle Romestin un prix de mille francs.

La France peut toujours aller à ceux qui ne peuvent pas revenir à elle.

(A. Dumas, 1877.)

ENCORE LES PAUVRES GENS

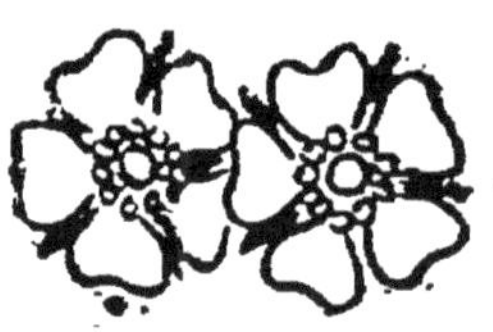

Sois content. Le plus généreux, c'était le Français.

(D'après Bersot.)

En 1866, un Wurtembergeois, du nom de Louis Weisser, vint s'établir à Lonze, dans le département de la Haute-Marne, avec sa femme et quatre filles, et il avait su gagner l'estime de

Cl. Braun, Clément et Cie.

MILLET. — *La famille du paysan.*

Ils ont interrompu leur travail : lui tient encore sa bêche, elle sa quenouille. L'enfant, un peu sauvage, recule et saisit la robe de sa mère et l'une des jambes de son père : vivant trait d'union entre ces deux rudes travailleurs ! Ils sont d'ailleurs unis par de communs sentiments de bonté rustique qui humanisent leur fruste enveloppe.

tous par sa douceur hypocrite[1]. Mais, au moment de l'invasion, cet abject[2] personnage, jetant le masque, devint un de ces louches trafiquants qui suivent les armées et partit avec les fourgons allemands, en abandonnant pour toujours sa famille. Quelle situation pour la mère! Elle est française, mais mariée à un ennemi, à un espion[3] peut-être : personne ne voudra la secourir. Si fait! *La magnanime[4] pitié habite dans le cœur d'un ouvrier maçon et de sa femme,* les époux Coiffier. Grâce à eux l'abandonnée, qui tombe malade de chagrin et meurt deux ans plus tard, ne manque de rien jusqu'au dernier jour. Elle laisse quatre orphelins. Sans hésiter, les époux Coiffier en prennent deux, bien qu'ils aient eux-mêmes quatre enfants. Et leur dévouement ne s'est jamais démenti, car voilà vingt ans de cela, et l'année dernière ils mariaient celle de leurs deux filles d'adoption qui vit encore, et qui est devenue une sage et laborieuse personne, à un brave compagnon charpentier qui l'aimait depuis son enfance. J'ai tenu à vous conter cette émouvante anecdote, entre tant d'autres, parce que j'y *trouve une preuve de la générosité de notre race. Voilà*

---

[1] *Hypocrite*, qui n'était pas sincère.

[2] *Abject*, très méprisable.

[3] *Espion*, agent secret de l'Allemagne, chargé d'épier les Français pour les trahir.

[4] *Magnanime*, qui a les sentiments élevés et généreux d'une grande âme.

ce qu'on a fait, dans un village de France, pour la famille d'un vagabond allemand.

(F. Coppée. — 1893.)

Plus je vis d'étrangers, plus j'aimai mon [pays.

(De Belloy.)

AUX NOUVELLES FRONTIÈRES
DES VOSGES

La charité est le don de soi.

(Lacordaire.)

Pierre Nicole, âgé de trente-deux ans, et sa sœur Antoinette, qui en a trente-cinq, habitent Vichibure, hameau de la commune de Corcieux, département des Vosges. Ils gardent et cultivent le petit héritage qu'ils tiennent de leurs parents. Il y a quelques années, un vieillard infirme vint un soir frapper à leur porte et demanda d'être hébergé[1] pendant la nuit. Le lendemain, au moment où il allait partir, Pierre dit à sa sœur : « Si nous le gardions ? » Aussitôt dit, aussitôt fait, et *le*

[1] *Héberger,* recevoir chez soi, loger et nourrir.

pèlerin de passage devient l'hôte du logis. La renommée colporte rapidement la nouvelle de cet acte de charité. D'autres malheureux se présentent et sont également admis. Bientôt la maison se trouve pleine. Pour l'agrandir, les propriétaires changent les greniers en dortoirs et y recueillent des enfants abandonnés. Cependant la place fait quelquefois défaut. Dans ce cas, Pierre cède son lit et couche par terre.

Il y a peu de temps, une femme âgée et contrefaite, qui n'avait pu être reçue à l'hospice de Saint-Dié, arriva chez les Nicole. Mais, à ce moment, ils logeaient déjà vingt-quatre personnes. A l'impossible nul n'est tenu. La pauvresse le comprit et se retira. Elle n'avait pas fait une demi-lieue, qu'elle se sentit ramener en arrière comme par une force invincible, et elle vint renouveler ses supplications. Le premier refus avait tant coûté à Pierre Nicole, qu'il n'était guère tenté de récidiver[1]. Ne savait-il pas que l'on dort parfaitement sur une botte de paille? Il donna son lit à la vieille mendiante. Quelques jours après une des pensionnaires de la maison mourait, et la nouvelle venue prenait sa place. Dans cet hospice improvisé, *création de deux simples paysans,* le linge, les ustensiles, les repas, tout est commun entre les maîtres de la maison et leurs

[1] *Récidiver,* de recommencer, comme s'il avait déjà commis une faute par son premier refus.

hôtes. Vrais plagiaires[1] de nos Petites Sœurs des pauvres, Pierre et Antoinette commencent par servir les autres et mangent les restes.

N'oublions pas que Vichibure touche presque aux nouvelles frontières, tracées dans les Vosges par d'impitoyables conquérants. *Quelle bonne manière de servir les intérêts de la patrie française, tout près des territoires annexés, que de déployer chez nous toutes les ressources de la charité!* (Mgr PERRAUD. — 1889.)

Pour juger du patriotisme, regardons à la conduite : donner l'exemple du bien, c'est à la fois servir et honorer sa patrie.

UNE MÉDAILLE MILITAIRE

Il y a quelque chose de plus difficile que tous les élans d'héroïsme, c'est le dévouement obscur, patient, aux devoirs meurtriers.

(A. MÉZIÈRES.)

La vie de l'intrépide Ponée n'est qu'un long exemple de dévouement. Embarqué comme mousse à bord de la *Chevrette*, il recevait à quinze ans les félicitations de son commandant pour le

[1] *Plagiaires*, imitateurs.

courage et le sang-froid qu'il avait déployés dans le naufrage du bâtiment. À dix-huit ans, en rade de Brest, il sauvait, devant tout l'équipage de la *Durance*, un matelot tombé à la mer. Ce fut dès lors une de ses vocations. Depuis ce moment, vingt-sept personnes lui doivent la vie. Deux médailles d'argent, une médaille d'or, attachées sur sa poitrine, le désignent à la reconnaissance publique. Mais ce n'est encore que la moindre partie de ses titres. *Il y a quelque chose de plus difficile que la hardiesse du marin qui se jette à la mer dans un élan d'héroïsme, c'est le dévouement obscur, patient, aux devoirs meurtriers;* c'est le sacrifice de la vie renouvelé tous les jours, sans aucune espérance de gloire, pour l'unique satisfaction de la conscience.

Au Mexique, Ponée a demandé comme une faveur de rester à bord de l'*Amazone*, dépeuplée par la *fièvre jaune*[1] et par le *vomito negro*[1]. En quinze jours, il soigne et il ensevelit de ses mains cinquante-quatre de ses camarades. Lorsque le bâtiment est renvoyé en France, lui seul a échappé au fléau; il demande à être débarqué pour soigner à terre de nouvelles victimes. On le lui refuse, et, en voulant le sauver, on lui offre simplement une occasion différente de montrer son courage. Le bâtiment est resté un foyer d'infection. De nombreux malades meurent en route; il y a des vic-

[1] *Fièvre jaune* ou *vomito negro*, maladie infectieuse et très grave de l'estomac et de l'intestin qui rend la peau jaune.

times jusque dans le *lazaret*[1] de Toulon. Sur la demande des médecins chargés d'étudier la nature du mal, c'est Ponée qui les aide à faire l'autopsie[2] des cadavres, c'est lui qui désinfecte ou qui brûle les effets des hommes morts et qui reste *enfermé le dernier au milieu des germes de la contagion.* Lorsque les débris de l'équipage obtinrent la permission de descendre à terre, le commandant fit dire une messe d'actions de grâces par l'aumônier du bord. A la sortie de la cérémonie, les marins de l'*Amazone*, dans un élan de reconnaissance, prirent Ponée entre leurs bras et le portèrent en triomphe à travers les rues de la ville. La médaille militaire lui fut ensuite remise par l'amiral, sur le champ de bataille[3], devant toutes les troupes réunies. *Lorsque vous verrez, sur l'humble uniforme d'un marin ou d'un soldat, le ruban vert et jaune, pensez à l'héroïque Ponée, songez à ce qu'une simple médaille peut représenter de dévouement et de sacrifices.*

(A. Mézières. — 1882.)

Ayez le cœur haut et l'esprit modeste.

(Joubert.)

[1] *Lazaret*, sorte d'hôpital des ports où séjournent pendant quarante jours les voyageurs qu'on suppose atteints de maladies contagieuses.

[2] *Autopsie*, examen d'un cadavre pour connaître les causes de la mort.

[3] *Champ de bataille*, le bâtiment (*l'Amazone*) où il a exposé tant de fois sa vie pour soigner les malades atteints de la fièvre jaune.

PATRIOTIQUE FIERTÉ
D'UNE SERVANTE

La fierté du cœur est l'attribut[1] des honnêtes gens.

(Duclos.)

Catherine Bauret, née en Lorraine, en 1822, travaille depuis près de soixante-quinze ans. Son père était cultivateur. Une épizootie[2] s'abat sur ses bestiaux, emporte bœufs et chevaux; le chagrin le prend et le tue. Catherine entre alors en service. C'était en 1850. Depuis quarante-sept ans, elle a toujours servi les mêmes maîtres et, non pas seulement servi, mais elle les a soignés, secourus, partageant leurs douleurs et leurs joies, aidant à élever leurs enfants. Catherine Bauret a soixante-quinze ans, sa maîtresse en a quatre-vingt-neuf, et la septuagénaire donne ses soins à l'octogénaire infirme... *Sa charité est inépuisable; elle se dépouille pour les pauvres.* Plus d'une fois,

---

[1] *Attribut,* la qualité, le signe distinctif des gens d'honneur.

[2] *Épizootie,* maladie épidémique qui fait de grands ravages parmi les animaux.

durant des épidémies qui ont frappé la commune de Réhon (Lorraine), Catherine Bauret a couru au péril, s'asseyant au chevet des malades pour leur venir en aide, leur apportant des remèdes ou du vin achetés par elle.

... Demeurée à Réhon pendant la guerre de 1870, pour garder la maison de ses maîtres, elle avait tellement frappé, par son attitude simple et sa vigilance, un officier allemand qui logeait là, qu'il lui offrit en partant quelques pièces d'or pour récompense. Catherine Bauret avait refusé. Sa maîtresse, Lorraine comme elle, possède encore à Metz une maison où elle passe une partie de l'hiver. La vieille servante l'y suit, vigilante. On sait que les Allemands, *volontiers respectueux des vertus domestiques*, accordent une pension aux vieux serviteurs. Ayant appris que Mlle Bauret était en service depuis tant d'années, *immuablement dévouée*[1], ils lui ont alloué une pension de *cent quatre-vingt-douze marks*[2], accompagnée d'une médaille de l'impératrice Augusta. Catherine Bauret, la fière Lorraine, a refusé la médaille et la pension en disant qu'*elle ne voulait rien de ceux qui lui ont enlevé sa patrie*. L'Académie lui donne, — et c'est peu de chose, — une médaille de cinq cents francs, mais qui

---

1 *Immuablement dévouée*, qui n'a pas cessé de donner son temps, ses forces, son affection.

2 *Mark*, monnaie allemande valant 1 fr. 25.

la touchera au cœur, car la récompense est française.

(J. Claretie. — 1897.)

L'honneur, c'est la fierté du désintéressement; c'est le respect de soi-même et de la beauté de sa vie....

(A. de Vigny.)

UN REFUGE DE LIBÉRÉS[1]

Tends la main au coupable : c'est un frère égaré.

L'abbé Villion était aumônier des prisons. Plein de pitié pour les condamnés, il s'efforçait d'opérer leur relèvement moral par le réveil de la conscience, le repentir, la volonté du bien. Il y réussissait parfois, mais il entrevoyait avec angoisse l'affreuse détresse où ceux dont il avait commencé la conversion allaient tomber quand ils redeviendraient libres. Sans refuge, sans pain, sans possibilité d'avoir du travail, ils étaient exposés,

---

[1] *Libérés*, condamnés remis en liberté à la fin de leur peine.

destinés, condamnés aux pires récidives. La prison ne les lâchait que pour les reprendre. Créer un refuge où les libérés trouveraient du pain par le travail devint l'unique pensée de l'abbé Villion. Ce projet rencontra mille obstacles. A l'heure qu'il est, on a fondé un certain nombre d'œuvres similaires[1]. Mais *l'abbé Villion était le premier à vouloir sauver les libérés.* On le traita de rêveur, d'utopiste[2], de fou. Toutes les municipalités se refusaient à laisser construire l'asile dans leur commune. On ne voulait pas du voisinage de « scélérats ». Enfin, le 1er mars 1864, l'abbé Villion peut ouvrir à Couzon, dans le Rhône, l'asile de Saint-Léonard. Reconnue, quatre ans plus tard, d'utilité publique, cette maison a reçu depuis sa fondation une moyenne de cinquante libérés par an. Nombre d'entre eux ont été placés à leur sortie de Saint-Léonard, d'autres se sont mariés, trente ont obtenu leur réhabilitation[3].

En 1870, l'asile se vida soudain. L'abbé Villion, fils d'un soldat d'Austerlitz, avait fait engager tous ses protégés. Lui-même partit comme aumônier militaire, remplit sa mission sur les champs de bataille et dans les ambulances, traversa les lignes ennemies pour porter à Belfort des lettres et de petites sommes d'argent envoyées à leurs

---

[1] *Œuvres similaires*, œuvres du même genre.
[2] *Utopiste*, qui fait des projets impossibles à réaliser.
[3] *Réhabilitation :* ils ont été rétablis dans tous les droits que leur avait fait perdre la condamnation.

enfants par des Lyonnais ; deux fois, il faillit être fusillé comme espion. Au mois de mai 1871, les habitants de Couzon virent revenir l'abbé avec une partie de « ses scélérats ». Plusieurs avaient été blessés ; l'un deux, Couturier, portait la croix de la Légion d'honneur. Ceux qui manquaient étaient morts ou se trouvaient encore dans les prisons d'Allemagne. A partir de ce jour-là, on commença à penser que l'abbé Villion était un brave homme. Aujourd'hui on dit que c'est un saint homme. Demandez à un habitant du Lyonnais quel est ce vieux prêtre décoré qui chemine vers la ville ou qui gravit quelque sentier de la Montagne-d'Or, il répondra ce seul mot : « *C'est le père !* »

(HENRI HOUSSAYE. — 1902.)

Donner la vie morale à ceux qui sont tombés, c'est plus beau que de faire sortir les morts de leurs tombeaux.

(CHANNING.)

Cl. Braun, Clément et Cie

JULES BRETON. — *Le chant de l'alouette.*

Comme l'alouette, la jeune et forte fille des champs salue le soleil radieux qui dore la moisson. Vaillante et gaie, confiante en la vie, elle chante la beauté du jour, la joie de vivre et d'agir, la jeunesse et l'espoir. Chants d'aurore et d'azur : chants de la France au grand cœur !

BONNE RACE FRANÇAISE

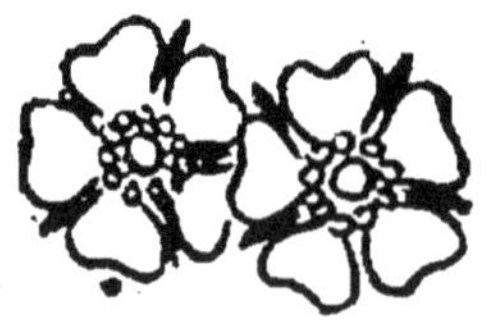

Chez nous, la vertu surabonde; elle est dans nos instincts, dans notre sang. Chacun la trouve dans les aspirations de son cœur.

(E. Renan.)

Que de vertus ont passé devant vous, et que serait-ce si nous avions à parler des vertus qu'on ne récompense pas, de ces héroïsmes de tous les jours qui se traduisent non par un acte, mais par une habitude constante de dévouement : l'héroïsme calme et scientifique du médecin, l'héroïsme maternel de la sœur de Charité, l'héroïsme voulu du soldat! Songez à Sfax[1], à cette poignée de braves jetée sur une plage de boue et de feu; partout les ruses cachées du désespoir, les embûches du fanatisme[2], et, au milieu de cet enfer, un nombre imperceptible de soldats, de marins, courant où les mène la voix de leurs chefs, car le chef est pour eux la patrie, le devoir. Bonne et solide race française, vertueuse depuis deux et trois mille ans, comme on la calomnie en la

[1] *Sfax*, port de la Tunisie. La ville fut prise d'assaut en 1881 par les Français.

[2] *Embûches du fanatisme*, pièges tendus aux Français par les Tunisiens mahométans, qui luttaient avec acharnement, surexcités par les passions religieuses.

croyant livrée aux calculs étroits de l'égoïsme! Oui, certes, elle a de graves défauts : c'est de s'éprendre trop vite pour l'utopie généreuse, c'est de trop croire au bien et de se laisser surprendre par le mal, c'est de rêver le bonheur du monde et d'obliger des ingrats! Mais, croyez-moi, aucune autre race n'a dans ses entrailles autant de cette force qui fait vivre une nation, la rend immortelle malgré ses fautes, et lui fait trouver en elle-même, au travers de tous ses désastres et de toutes ses décadences, un principe éternel de renaissance et de résurrection.

(E. Renan. — 1881.)

Si jamais la France venait à manquer au monde, le monde tomberait dans les ténèbres.

(John Stuart Mill.)

HUMANITE

Un homme, c'est celui qui a le cœur fraternel, qui ne conçoit pas son bonheur séparé du bonheur des autres, qui aime l'humanité, comme il aime sa famille et sa patrie, de toute l'émotion de ses entrailles et de toute sa puissance de sacrifice.

(C. Wagner.)

Cl. Braun, Clément et Cie.

MILLET. — *Le semeur.*

Dans la plaine nue, sur la terre fraîchement remuée, le laboureur jette aux sillons la semence des moissons futures. Sous le ciel voilé, dans la paix du soir, la nature semble se recueillir pour l'œuvre de fécondation. Le semeur, grave, silencieux, va de son pas mesuré au rythme de son geste. . Ce paysan, dont la haute silhouette domine toute la plaine jusqu'à l'horizon, n'a-t-il pas une souveraine majesté de créateur!

HAUT LES CŒURS!

Regarder en haut, apprendre au delà, chercher à s'élever toujours.

(PASTEUR.)

NE vous laissez pas atteindre par le scepticisme[1] dénigrant et stérile; ne vous laissez pas décourager par les tristesses de certaines heures qui passent sur une nation. Dites-vous d'abord : Qu'ai-je fait pour mon instruction? Puis, à mesure que vous avancerez : Qu'ai-je fait pour mon pays? jusqu'au moment où vous aurez peut-être cet immense bonheur de penser que vous avez contribué en quelque chose au progrès et au bien de l'humanité. Mais que les efforts soient plus ou moins favorisés par la vie, il faut, quand on approche du grand but, être en droit de se dire : *J'ai fait tout ce que j'ai pu.*

(PASTEUR.)

Heureux celui qui porte en lui un idéal et qui lui obéit!

(PASTEUR.)

---

[1] *Scepticisme*, état d'esprit de ceux qui doutent de tout, même du devoir et de la vertu.

ÉLÉGANTE PROBITÉ

Sois avare du moindre écart d'honnêteté.
Sois juste en détail...
Ne crois pas que jamais, parce qu'on les mettra
Dans les moindres recoins de l'âme, on rapetisse
La probité, l'honneur, le droit et la justice.

(V. Hugo.)

M. Montarras, de l'île d'Oléron, second maître de la marine en retraite, médaillé militaire, était, en 1900, syndic[1] des gens de mer à Rufisque, au Sénégal. La fièvre jaune s'y déclare. Devant la rage de l'épidémie, le chef d'une importante maison d'exportation est contraint de rapatrier son personnel, et lui-même, devenu très malade, est à son tour forcé de partir. Mais il va falloir confier six cent mille francs de marchandises à des indigènes ; et les nègres, là-bas, ne sont pas réputés pour la blancheur, non plus, de leur conscience.

Montarras se propose et se fait agréer comme gardien. Pendant de longs mois il est un des rares Européens qui ne soient pas en fuite. Il habite tranquillement avec le fléau, avec le dépôt. Il veille à ce que rien ne dépérisse dans ce qu'il

---

[1] *Syndic*, celui qui est élu par ses collègues pour prendre soin des intérêts d'une association dont il fait partie.

détient. Il distribue des vivres contre des bons réguliers. Il administre : il opère au mieux.

Quand le propriétaire revient, les choses sont en ordre parfait, en ordre meilleur, dit celui-ci, qu'il ne l'aurait su réaliser dans les circonstances. Jusque-là tout va bien. Mais l'émigré qui retrouvait son patrimoine éprouva le besoin de marquer de la satisfaction au *détenteur sans fortune*[1] qui le lui avait conservé. C'est alors que tout se complique : « J'ai fait mon devoir d'honnête homme, observe Montarras, cela ne se paye pas. — Permettez... » On lui démontre qu'on lui est redevable d'au moins cinquante mille francs, ne serait-ce que par le chiffre des avaries qu'il a prévenues[2]. Aucune insistance n'ébranle sa volonté. « J'ai rendu un service d'ami, répète Montarras, voilà tout, c'est bien... »

De guerre lasse, ne sachant plus que faire, l'obligé invoqua l'Académie, la priant de trouver le mot de la situation, de définir la situation, comme elle définit les mots... Il nous a semblé qu'*il y avait plus que de la probité pure et simple dans cette affaire* : une obstination de désintéressement si élégante chez l'un, mêlée de l'autre part à une gratitude d'un joli entêtement aussi, cela dégageait un arome sain, n'est-ce pas? qui fleure la vertu.

---

[1] *Détenteur sans fortune*, celui qui avait eu en sa possession tous ces biens et qui était pauvre.

[2] *Avaries... prévenues*, dégâts ou dommages qu'il avait empêchés.

L'Académie espère ne pas se brouiller avec M. Montarras en lui marquant son estime par une de ses médailles.

(P. HERVIEU. — 1904.)

La probité reconnue est le plus sûr de tous les serments.

(Mme NECKER DE SAUSSURE.)

LA GARDE-BARRIÈRE

Le cœur d'un père et d'une mère est toujours prêt au sacrifice.

LE 4 août 1900, vers trois heures et demie du soir, au passage à niveau situé tout près de la station de Saint-Chély-d'Apcher, dans la Lozère, sur la ligne de Saint-Flour, Sophie Boudon, la garde-barrière, entend l'approche du train; elle sort avec son signal et s'avance au bord de la voie; la locomotive est à quelques mètres. Soudain, à deux pas d'elle, sur le *talus de ballast*[1], étroit et bas, un enfant paraît, un petit de deux ans, la tête blonde au vent, les yeux curieuse-

[1] *Talus de ballast*, la pente qui borde la voie.

ment ouverts et tournés vers le bruit : et le voilà qui, d'un geste inconscient, descend sur les rails. Sophie Boudon l'a vu; d'un regard elle mesure la distance : le train ne pourra pas s'arrêter. Elle s'écrie et bondit dans le fracas : ce fut un éclair; le train est passé. Entre les rails, l'enfant se relève déjà, étourdi de ce tonnerre, stupéfait du tourbillon noir. Il étend les bras; il crie : « Maman! » il n'a pas une blessure! A côté de lui deux femmes sont renversées, sans mouvement : l'une, c'est Mme Boudon; l'autre, c'est Mme Fournier, une voisine qui, sur la rive opposée de la voie, travaillant au bord du champ, a vu le péril et, elle aussi, s'est élancée. Et voilà qu'une troisième survient, avec des cris, des larmes, des bras jetés au ciel : et celle-là, c'est la mère. Elle était à quelques pas derrière la maison de la garde-barrière, croyant son enfant à ses côtés et, tout à coup, entendant le bruit du train, elle se retourne, ne le voit plus et se précipite affolée. Alors, ah! il n'y a pas de mots! Elle a saisi son fils, elle le palpe, elle le couvre de baisers, et puis elle aperçoit les deux corps jetés, inertes, ses amies, ses voisines; et, de la cabane, des enfants qui accourent, effrayés, pleurant, sans savoir, sans comprendre : ce sont ceux de Mme Boudon. Quelle joie et quel désespoir dans ce cœur de femme! Enfin elle appelle, on arrive; et c'est d'abord Boudon, le cantonnier, le mari de cette héroïne, occupé à cent pas par son ouvrage, et qui n'a rien vu; puis à ses cris, d'autres encore : on relève les malheureuses. Mme Fournier est morte, tuée sur le coup. Sophie est sans connaissance, blessée horriblement : pendant quinze jours, il faudra la disputer à la mort. Elle est guérie à présent; mais toute sa vie, elle gardera la trace du drame : la trace et non le souvenir, car cette marque ineffaçable, c'est justement la perte de la mémoire. Il fallait, pour doubler le prix de son courage, qu'elle seule oubliât ce qu'elle avait fait. L'Académie lui donne un prix de quinze cents francs. Elle ne saura pas pourquoi. Mais toute la contrée le saura, et ses trois enfants, et *cet autre pour qui elle s'est offerte, l'apprendront en grandissant : et leur vénération*[1] *sera sa récompense.*

(A. de Mun. — 1901.)

Nous vivons dans un âge héroïque. Souvent nous sommes saisis d'émotion par des actes d'héroïsme où des hommes et des femmes sont blessés ou perdent la vie en cherchant à protéger ou à sauver leurs frères. Ce sont les héros de la civilisation.

(Andrew Carnegie.)

[1] *Vénération*, estime profonde et respectueuse reconnaissance.

LA TENTATION DU BIEN

La bonté est le trait qui peut-être nous distingue le plus profondément du reste de l'univers.

(Prévost-Paradol.)

Mlle Coursault, lingère à Ligueil, a d'abord recueilli deux vieillards pauvres; puis, cédant sans doute *à la douceur de bien faire* comme à *une tentation irrésistible*, elle agrandit cet asile, malgré plus d'une critique et plus d'un reproche, et y appela d'autres malheureux qu'elle soutint de son labeur. Ceux-là même qui blâmaient son imprudence ne tardèrent pas à lui amener d'autres infortunés à secourir, et son active charité s'agrandit avec sa tâche. Un négociant chez qui elle avait mis une somme en dépôt fit de mauvaises affaires, et l'argent fut perdu. « Ce sont les pauvres qui le perdent, » dit Mlle Coursault; et, *la mère de ce négociant* se trouvant sans ressources, Mlle Coursault *la prit chez elle et l'ajouta à ses pensionnaires.* Ce n'est pas tout : l'ardeur du bien qui consume cette belle âme ne se trouve jamais satisfaite, et, en dehors même de son œuvre, Mlle Coursaut est toujours là si le médecin du pays a besoin d'aide pour quelque opération importante ou pour quelques soins délicats à donner.

(PRÉVOST-PARADOL. — 1869.)

Seul entre toutes les créatures, l'homme connaît une autre émotion que celle de sa propre souffrance; le contre-coup de la douleur d'autrui l'atteint, et, en portant secours à ceux qui souffrent, il sent qu'il se soulage lui-même. Bien plus, il sent qu'il s'élève.

(PRÉVOST-PARADOL.)

RÉDEMPTEUR[1] D'ENFANTS

S'il nous faut une ambition, ayons celle de faire beaucoup de bien, la seule ambition digne d'un homme.

(J. SIMON.)

M. HENRI Rollet, avocat à la cour de Paris, avait appris à connaître dans l'exercice de sa profession l'avenir trop certain d'un enfant traduit en justice, condamné pour une légère infraction, enfermé dans un établissement péni-

[1] *Rédempteur d'enfants*, sauveur d'enfants condamnés par la loi et par leurs mauvais penchants.

tentiaire ou dans une maison de correction. Presque toujours, ce premier engagement fait du petit malheureux une recrue pour l'armée du crime. Ceux que l'on rend à des familles indignes ne tournent pas mieux. Il suffirait cependant de mettre le jeune *délinquant*[1] dans un milieu sain pour obtenir souvent la guérison de sa tuberculose morale. M. Rollet s'est voué à cette belle tâche. Depuis bientôt vingt ans, il recueille, dans son Patronage de l'enfance et de l'adolescence, les *déchets sociaux*[2] qu'il transforme en honnêtes travailleurs. Il lui en vient de toutes les fabriques de misère : des tribunaux, autorisés par la loi du 19 avril 1898 à confier aux institutions charitables les jeunes prévenus qui ont agi sans *discernement*[3]; et beaucoup de bons juges prononcent des non-lieux, afin d'épargner la flétrissure de la prison aux mineurs qu'ils savent pouvoir remettre à M. Rollet. Il lui en vient du ministère de l'intérieur, dans les mêmes conditions. D'autres arrivent du commissariat de police : on les a ramassés grelottants dans la rue, sur un banc, sous un pont ; la justice ne les a pas encore saisis, mais ils étaient fatalement destinés à ses *geôles*[4].

---

[1] *Délinquant*, qui a commis un délit, violé une loi.

[2] *Déchets sociaux*, mauvais sujets que la société rejette ou emprisonne.

[3] *Sans discernement*, sans se rendre compte de la gravité de leurs actes et des conséquences de ces actes.

[4] *Geôles*, sombres prisons.

(*Rédempteur d'enfants*)

Cl. Braun, Clément et Cie.

MURILLO. — *Le jeune mendiant.*

Murillo a regardé avec sympathie et s'est plu à peindre les jeunes loqueteux qui portent allègrement leur misère. Celui-ci, seul, assis à terre, sous la fenêtre d'un taudis, cherche à saisir, dans sa chemise entr'ouverte, des parasites trop gênants. Jeune mendiant, — future recrue pour l'armée de la paresse et du vice.

Comment abriter, héberger, occuper cette *horde*[1] chaque jour plus nombreuse? Durant plusieurs années, ce fut une *odyssée*[2] touchante et lamentable. L'avocat recevait d'abord ses misérables clients dans un cabinet du Palais : protestations des confrères, *éviction*[3] des petits loqueteux malodorants, mal habités. Ils se réunissent alors dans la rue autour de leur père adoptif : rassemblement, *lazzis*[4] des passants à l'admirable apôtre, qui disait, lui aussi : « Laissez venir à moi tous ces petits enfants. » Les agents répondaient : « Circulez ! » La police le gênait? Si on demandait asile à la police? M. Rollet s'avisa qu'il y avait à la préfecture des hangars inoccupés et un homme *de cœur*[5] qui a tous les courages, y compris celui des décisions promptes. Le préfet lui concéda un local : les *chinoiseries*[6] administratives intervinrent, un architecte se fâcha contre *l'usurpateur*[7] : il fallut retourner à la rue. Le ministère de la guerre prêta des tentes; on les dressa dans un terrain vague de la banlieue; mais notre climat n'est pas propice à cette éducation *spartiate*[8]

1 *Horde*, troupe indisciplinée et qui pourrait être malfaisante.

2 *Odyssée*, voyages et aventures de toutes sortes à la recherche d'un abri, dans Paris.

3 *Éviction*, renvoi, mise à la porte.

4 *Lazzis*, plaisanteries, moqueries.

5 *Un homme de cœur*, M. Lépine, préfet de police.

6 *Chinoiseries*, formalités compliquées et ennuyeuses.

7 *Usurpateur*, l'avocat qui, sans droits suffisants, avait occupé le local.

8 *Éducation spartiate*, très rude.

des enfants débilités. Quelques personnes charitables offrirent des logements gratuits ; vous devinez ce qu'il advint partout : cris d'indignation chez les voisins, ligue des propriétaires, des locataires, des concierges contre ces *intrus*[1] déshonorants pour l'immeuble.

(*A suivre.*)

RÉDEMPTEUR D'ENFANTS (SUITE)

ILS furent enfin tolérés dans une boutique aménagée pour eux en atelier, rue de l'Ancienne-Comédie ; on les apprivoise là au travail, en leur faisant confectionner des étiquettes et des bandes pour les compagnies de chemins de fer. Mais quel salut attendre de ces heures de travail si l'on doit ensuite rendre les vagabonds au ruisseau, le ventre creux ?

Après vingt tentatives infructueuses, M. Rollet a trouvé un logement, rue de Rennes, où il lui a été permis d'installer le dortoir et le réfectoire d'une quarantaine d'enfants. Encore a-t-il fallu percer un souterrain pour communiquer avec la rue par une entrée spéciale, et ménager ainsi la

---

[1] *Intrus*, ces nouveaux venus qui n'auraient pas dû entrer et qu'on ne veut pas recevoir.

délicatesse des locataires affligés de ce voisinage. Couchés, nourris, occupés, ces pensionnaires *hasardeux*[1] restent en observation durant une certaine période : ceux qui donnent des garanties de bonne conduite sont, pour la plupart, envoyés à la campagne, chez des cultivateurs qui les emploient; d'autres répugnent à quitter la ville, on les place en apprentissage dans un atelier. Sans doute, leur bienfaiteur a la douleur de voir disparaître les sujets prématurément viciés, les révoltés qui prennent la fuite; il doit en rendre quelques-uns aux maisons de correction. Mais sur les huit cents enfants qui sont passés par ses mains, plus des deux tiers ont été sauvés. Beaucoup s'engagent à dix-huit ans; ils serviront le pays qu'ils auraient terrorisé si M. Rollet ne leur avait redressé le cœur et l'esprit.

L'avocat met en pratique d'une large et noble façon la devise dont se glorifie son ordre : défenseur de l'orphelin.

(DE VOGÜÉ. — 1909.)

Avoir un idéal, c'est avoir une raison de vivre, c'est avoir un but supérieur à l'action de chaque jour, c'est être, quoi qu'on fasse, supérieur encore à ce qu'on fait.

(LÉON BOURGEOIS.)

---

[1] *Hasardeux*, qui restent encore sujets à des rechutes.

UN VOLONTAIRE DU CÉLIBAT

Un homme qui travaille est toujours bon.

(É. Zola.)

On sait combien le sentiment de la fraternité est développé chez les ouvriers des villes. *Ils s'entr'aident dans le malheur, ils partagent le peu qu'ils ont avec ceux qui n'ont plus rien; ils recueillent la veuve, ils donnent du pain aux enfants du camarade qui vient de mourir.* Pour eux la famille n'a pas de frontières, elle s'étend partout où il y a des compagnons dans le besoin. La conduite du forgeron Jollinier, de Nantes, dépasse les proportions ordinaires de cette solidarité qui unit les travailleurs. Ce n'est pas pour un jour, dans un élan de sensibilité passagère, qu'il a tendu la main à un ami malheureux. Il a consacré sa vie à élever la famille qu'un mourant lui avait léguée. A vingt ans, il arrivait à Nantes pour chercher du travail, et se logeait dans la même maison qu'un de ses camarades d'atelier, père de six enfants, dont le plus jeune n'avait que treize mois. Ce camarade meurt, laissant une veuve d'une santé délicate qui, au bout de trois ans, succombe à son tour. Jollinier renonce au mariage, et avec le prix de ses journées de travail, élève les six enfants qui tous aujourd'hui gagnent honorablement leur vie. *Chez ce volontaire du célibat il y avait, vous le voyez, toute la tendresse de cœur et toute la bonté du père de famille.*

(A. Mézières. — 1882.)

L'homme tire le bien qu'il fait de son cœur, non de sa bourse.

(J.-J. Rousseau.)

AU GABON[1]

On peut se juger soi-même et juger son idéal en se posant cette question : Pour quelle idée, pour quelle personne serais-je prêt à quitter ma vie?

(Guyau.)

C'est en pleine Afrique équatoriale, dans la brousse du Gabon, que nous sommes allés chercher la titulaire de notre principale récompense. Sophie Villeneuve, en religion sœur Saint-Charles, est née en 1834, d'une de ces vieilles familles de la montagne aveyronnaise, fortement

[1] *Gabon*, colonie française sur la côte occidentale d'Afrique, rattachée au Congo français.

enracinées au sol natal, et cependant fécondes en apôtres des pays lointains : deux des neveux de la sœur Saint-Charles sont actuellement missionnaires en Chine. Toute jeune, elle avait projeté de se dévouer aux nègres d'Afrique et était entrée dans ce dessein chez les sœurs de l'Immaculée-Conception de Castres. Dès 1859, au sortir d'un noviciat plusieurs fois entravé par sa santé, mais toujours repris avec une inlassable énergie, elle était envoyée au Gabon. Le service de l'hôpital européen auquel elle fut affectée pendant quelques années, si pénible qu'il fût en ce climat, ne suffit pas à ses généreuses ambitions de missionnaire. Bientôt elle trouva moyen *de se donner entièrement aux noirs, aux plus misérables et aux plus délaissés* d'entre eux, particulièrement aux femmes vieilles, malades, infirmes, dont, suivant l'expression d'un *témoin,* « *personne ne voulait plus.* » Bien que dépourvue de toutes ressources personnelles, elle parvient à établir, pour ces vieilles, une sorte d'hôpital, auquel elle joint un dispensaire[1] aussitôt très fréquenté, puis une léproserie[2], se réservant à elle seule, à cause de la contagion, le pansement des plaies et le lavage des linges. Ce n'est pas encore assez : l'hôpital prend ses matinées, mais, dans la soirée, il lui reste quelques heures libres ; elle les emploie à battre le pays à

[1] *Dispensaire,* établissement de bienfaisance où sont donnés gratuitement consultations et médicaments.

[2] *Léproserie,* hôpital pour lépreux. La lèpre est une grave maladie de la peau, très contagieuse.

la recherche des malheureux. Elle est arrivée à parler couramment la langue des indigènes. *Rien ne l'arrête, ni le soleil meurtrier, ni les bêtes fauves, ni les sauvages plus féroces encore. Elle passe, active et sereine, sans autre arme que son chapelet, là où les Européens craignent de s'aventurer.* M. de Brazza[1] raconte quel fut son étonnement quand, en 1873, jeune officier de marine et déjà poussé par le démon de l'exploration, il s'était hasardé loin de la côte et avait aperçu tout à coup devant lui, au détour d'un sentier, une religieuse marchant tranquillement avec deux petites négresses : c'était la sœur Saint-Charles.

(THUREAU-DANGIN. — 1903.)

PÉRILLEUSES AVENTURES

DANS ces expéditions, les aventures ne lui manquaient pas. Un jour, en pleine forêt, elle rencontre une femme malade, incapable de marcher et abandonnée des siens. Elle n'hésite pas, la charge sur son dos, fait plusieurs lieues avec ce fardeau et la dépose triomphante dans son

1. *Brazza*, explorateur au service de la France. Il a conquis pacifiquement une partie du Congo. Brazzaville est la capitale de la colonie.

hôpital, où elle la soigne et la guérit. Une autre fois, appelée auprès d'une mourante, elle est arrêtée par une rivière dont les eaux grossies ne permettent plus le passage à gué. Deux indigènes consentent à la prendre dans leur pirogue[1]; mais le courant est trop fort, la pirogue chavire. Sœur Saint-Charles, entraînée par le flot, parvient à s'agripper[2] à un rocher au milieu du fleuve. Les noirs se sont enfuis. Elle est seule. Toute la journée, sous un soleil de feu, elle attend un secours qui ne vient qu'à la nuit. Aussitôt délivrée, son premier soin n'est pas de regagner sa demeure, mais de courir auprès de la malade qui l'a demandée, et elle ne rentre chez elle qu'après avoir pleinement accompli sa mission de charité.

Tant de dévouement a rendu singulièrement populaire chez les indigènes celle qu'ils appellent « leur mère », et à laquelle ils ont pris l'habitude de s'adresser dans tous leurs besoins. Sa renommée s'est propagée au delà des tribus où s'exerce son action. M. de Brazza a trouvé au loin, dans l'intérieur des terres, trace de cette renommée parfois enveloppée d'une sorte de légende; depuis longtemps déjà, nous dit-il, l'imagination de ces populations primitives se figure comme un être mystérieux *la femme blanche qui s'est dévouée*

---

[1] *Pirogue*, sorte de barque des sauvages, faite souvent d'un tronc d'arbre creusé.

[2] *S'agripper*, saisir fortement, se cramponner à.

aux déshérités de leur race, et dans leurs cases[1] *il n'en est parlé qu'avec un respect religieux.*

(THUREAU-DANGIN. — 1903.)

La vie n'est que d'un instant; mais cet instant suffit pour entreprendre des choses éternelles.

(BERSOT.)

QUELQUES HOMMES

La valeur morale de l'homme se mesure à la hauteur du but qu'il veut atteindre et à la vigueur de l'effort tendant à ce but.

M. CUXAC, de Montpellier, est proprement un *philanthrope*[2] avec la nuance philosophique que comporte ce mot. On doit à ce petit tailleur la création d'un asile de nuit en 1871; en 1873, d'une caisse des orphelins; en 1896, d'un atelier d'assistance par le travail et d'un café de tempérance et bien d'autres œuvres encore. Ce qui est prodigieux, c'est qu'il ait fait ou commencé tout

---

[1] *Cases*, cabanes de nègres.

[2] *Philanthrope*, celui qui aime les hommes, qui les connaît et qui sait vouloir leur bien d'une façon éclairée.

cela *sans autres ressources que son modeste métier.* Sa marque éminente et rare, c'est d'avoir fait, pour l'amour de l'humanité, autant que d'autres pour l'amour de Dieu. Il fut en correspondance avec Victor Hugo, et il ressemble aux personnages les plus généreusement enthousiastes et les plus sympathiques des romans de la bonne George Sand. Nommons aussi Pierre Weber, qui à dix-sept ans, pendant la guerre de 1870, à *Saint-Avold*[1], fait évader les prisonniers français, puis s'engage et fait la campagne de *Kabylie*[2]; puis, sergent des sapeurs-pompiers, est cité onze fois à l'ordre du jour et obtient la médaille militaire, et qui se distingue à l'incendie du *Bazar de la Charité*[3], où il est blessé grièvement. Et retenons enfin Pierre Arnal, le modèle des « domestiques », au sens si noble qu'avait ce mot autrefois quand il signifiait « l'homme de la maison ». Depuis vingt-quatre ans, Arnal est au service de la même famille, dévoué à ses maîtres, aimé et honoré par eux. Homme de sang-froid et de décision rapide, en 1880 il préserve le château d'un incendie. Au mois de mai 1892, un train du Nord arrivant à Saint-Chély, à toute vitesse, déraillait, projetant

[1] *Saint-Avold*, petite ville de la Moselle, cédée à l'Allemagne en 1871.

[2] *Kabylie*, région montagneuse de l'Algérie. Tribu définitivement soumise en 1871.

[3] *Bazar de la Charité*, installation provisoire pour une vente de bienfaisance organisée en 1897. Un incendie détruisit le bazar et fit plus de cent victimes.

la machine à droite : le mécanicien se trouvait presque enseveli dessous, et plusieurs wagons se trouvaient suspendus à une grande hauteur. Arnal s'élance sur *un parapet*[1] découvert, retire le pauvre homme dont la poitrine était presque écrasée ; il l'emporte et arrive, au péril de ses jours, sur la plate-forme du pont ; il y dépose son précieux fardeau. Arnal est populaire. Toute sa commune admire et recommande ce serviteur *qui relève sa condition par la manière dont il la comprend et par la qualité de son âme, qui est probe, fière et vaillante.*

(J. LEMAITRE. — 1900.)

Une action vertueuse, c'est l'œuvre d'art permise à ceux qui ne sont pas artistes. Le plus simple peut se dire : « Je vaudrai, si je veux, autrement, mais autant que le plus grand homme du monde. »

(J. LEMAITRE.)

[1] *Parapet*, muraille à hauteur d'appui de chaque côté d'un pont.

PARTOUT

LES DÉVOUEMENTS SONT PRÊTS

La science ne saurait rien supprimer : le sentiment n'abdiquera jamais ; il sera toujours le premier *moteur*[1] des actes humains.

(Cl. Bernard.)

Ceux qui écriront l'histoire de notre temps ne devront point oublier, s'ils veulent être justes, le grand exemple qui a été donné au Havre dans la journée du 26 mars 1882. La mer était furieuse ; un sloop[2] de pêche désemparé faisait des signaux de détresse, à un mille du port. Le directeur du sauvetage s'approcha du patron Lecroisey, dont le bateau était armé, et lui demanda s'il pouvait partir. Sans hésiter, Lecroisey donna à ses dix compagnons l'ordre du départ. Pendant deux heures, on vit ces onze hommes lutter contre les vagues, s'approcher du sloop en détresse et guetter le moment d'en recueillir l'équipage. Puis

[1] *Moteur*, qui fait agir ou mouvoir. Ici, cause de nos actions.
[2] *Sloop*, petit navire qui fait le service marchand d'un port à un autre, en suivant la côte.

tout à coup, la tempête emporta le sloop dans la direction de Honfleur. Acharnés à leur œuvre de salut, les intrépides marins se dirigèrent du même côté. Hisser la voile dans les conditions où ils se trouvaient, mettre l'embarcation en travers à la lame, c'était risquer leur vie à tous ; « mais, comme on l'a dit sur leurs tombes, il y avait là près d'eux six hommes à sauver, dont les regards étaient tournés vers eux, qui n'avaient d'espérance de salut qu'en eux. » Ils ne purent résister à cet appel et tentèrent un suprême effort. Quelques minutes après, un paquet de mer avait déchiré leur voile et fait chavirer leur bateau. Quelques têtes humaines apparurent un instant au milieu des vagues, puis la mer se referma sur ses victimes. Les onze marins du Havre avaient vécu.

Il y a, dans ce drame pathétique, un épilogue[1] auquel on ne fait pas assez attention. Notre pensée se porte naturellement vers ceux qui ont péri. Mais derrière eux, au moment même où leur embarcation venait de sombrer, un nouveau canot prenait la mer, s'exposant aux mêmes dangers, affrontant les mêmes chances de mort. Et il en *est toujours ainsi dans ce noble pays de France. Partout où des victimes vont succomber,* dans les mines, dans les puits, dans les incendies, *les*

[1] *Épilogue,* sorte de conclusion. Dernier fait qui est comme la leçon qui se dégage de ce drame émouvant.

dévouements sont prêts ; on se dispute l'honneur de les sauver ou de mourir avec elles.

(A. Mézières. — 1882.)

Quel spectacle émouvant que de voir des hommes de courage lutter contre la mort, dans un péril imminent ! Il en est un plus émouvant encore : c'est celui des héros qui vont à leur secours.

INFATIGABLE CHARITÉ

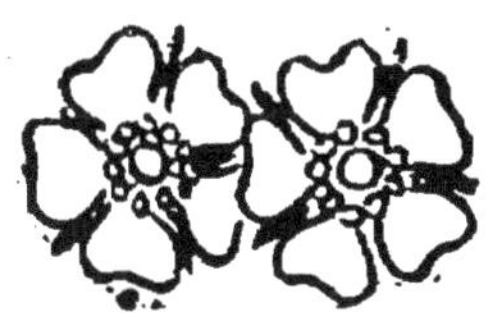

On ne vit pleinement qu'en vivant pour beaucoup d'autres.

(Guyau.)

La veuve Bataille habite la commune de Poix, dans le département du Nord. Elle est pauvre ; elle a soixante-dix ans, et l'on peut dire que pas un jour de cette longue vie n'a été perdu pour la charité. Mme Bataille a ceci de particulier qu'elle n'a pas de spécialité : tout lui est bon. Elle varie ses plaisirs. Ainsi, vous la voyez recueillir jusqu'à l'âge de deux et trois ans les orphelines qui lui sont confiées par l'hospice ; mais elle ne recule pas pour cela devant les vieillards. Envoyez-les, infirmes, paralysés, en enfance : elle les acceptera. La surveillance de ce petit hôpital ne l'empêche pas non plus d'aller en ville.

Elle est la garde-malade gratuite des pauvres gens. On est souffrant, on l'envoie chercher; on trouve cela tout naturel, et elle aussi. Pendant de longues années, la commune de Poix n'a pas eu de sage-femme. C'est la veuve Bataille qui en faisait les fonctions, et qui se chargeait aussi d'élever les nouveau-nés au biberon. Les épidémies, petite vérole, fièvre typhoïde, etc., tout cela lui convient encore. Mais le choléra, par exemple, voilà tout à fait son affaire!... C'est en 1848 qu'il fallait la voir courir de porte en porte et, dans ce village affolé par la peur, où les malades étaient abandonnés par leurs parents les plus proches, porter de tous côtés ses secours et ses consolations. La première pensée qui vient devant une telle prodigalité de charité, c'est que la veuve Bataille a des loisirs et qu'elle n'a pas de famille qui réclame ses soins. Mme Bataille a élevé successivement ses huit enfants propres, puis deux orphelins de l'un de ses fils mort depuis cinq ans; puis huit enfants de l'aîné de ses fils, privés de leur mère; plus deux enfants de l'une de ses filles paralysée, et enfin le fils de son troisième garçon qui était soldat; et avec tous ces enfants-là, elle a, de plus, recueilli chez elle sa fille, sa bru sans travail et son frère impotent: voilà pour sa famille. Quant *aux enfants de tout âge*, maladifs, scrofuleux [1], poitrinaires, qui

[1] *Scrofuleux*, atteints de scrofule, maladie appelée aussi écrouelles, humeurs froides.

lui ont été confiés depuis leur naissance et *qu'elle a élevés, soignés et guéris très souvent, on ne les compte plus.* Aujourd'hui encore, courbée sous le poids de l'âge et marchant avec peine, ne croyez pas que son dévouement se ralentisse... On la voit se traîner péniblement par les rues de ce village dont elle est, depuis un demi-siècle, la fée[1] bienfaisante et solliciter des secours qu'elle porte ensuite aux pauvres gens. En lui accordant un prix de deux mille francs, l'Académie sait *la joie qu'elle apporte à cette sainte femme : c'est deux mille francs pour ses pauvres.*

(V. Sardou. — 1880.)

Travaillons sans relâche, tâchons de nous rendre utiles.

Activité et amour des hommes ! C'est le dernier mot de la vie privée, aussi bien que de la vie sociale.

(Berthelot.)

[1] *Fée*, être imaginaire doué d'une puissance surnaturelle.

DÉVOUÉ QUAND MÊME

Dévouez-vous sans rien attendre,
il n'y a pas d'autre dévouement.

Mandement, originaire d'Auterive (Haute-Garonne), a été précoce : à quinze ans, il sauvait déjà sept enfants qui se noyaient dans un canal. Un peu plus tard, il faisait son tour de France comme ouvrier charron, et l'on peut dire aussi comme sauveteur, car il n'est pas de sinistre, sur son passage, où il ne se soit signalé par son courage et son sang-froid. De retour à Auterive, il s'établit, se marie, est père de famille. Un jour, de sa forge où il travaille, il entend de grands cris : une embarcation montée par deux jeunes gens vient de chavirer sur l'Ariège, grossi par la fonte des neiges. Mandement, tout en sueur, se jette dans l'eau glacée, sauve l'un de ces malheureux ; mais l'autre lui échappe. Une fluxion de poitrine est le plus clair profit de sa généreuse imprudence. Deux mois au lit, plus de travail, toutes ses avances épuisées, et, *chose cruelle à dire, personne pour lui venir en aide*. Croit-on que cette indifférence le dégoûte de la charité ? Vous ne connaissez pas Mandement. Dès qu'il est sur pied, il recommence de plus belle. Un gendarme tombe asphyxié dans une maison en feu.

Mandement se jette dans les flammes et le rapporte sur ses épaules, non sans de graves brûlures. Une femme tombe dans un puits; ses efforts pour en sortir font écrouler quelques pierres de la paroi dégradée. Blessée, elle pousse des cris affreux, car l'éboulement continue sur elle. Mandement descend dans ce puits qui s'effondre sous ses pieds, et, par des prodiges de courage et d'adresse, il en sort portant la femme dans ses bras. Je passe sous silence bien d'autres sauvetages, dont la liste serait trop longue. Enfin, en 1870, il monte sur le toit d'une maison incendiée, l'échelle glisse, il tombe et se brise la jambe droite. Et le voilà encore au lit pendant trois mois, *et tout le monde l'oublie, et il se lève estropié!...* C'est bien le cas, cette fois, de dire à l'humanité; « *J'ai fait assez pour toi qui ne fais rien pour moi... J'y renonce!* » Point du tout. Mandement est incorrigible. En 1875, une inondation survient. Armé d'une barre de fer, il perce un mur, attire à lui des vieillards, des femmes, des enfants, et, tout infirme qu'il est, les transporte de toits en toits, en lieu sûr. Et ce qui est admirable, c'est que Mandement *ne se contente pas de pratiquer: il fait des élèves. Ses fils marchent sur ses traces.* Le second a déjà conquis sa petite médaille. Le *dévouement est de tradition dans cette famille-là. — C'est la profession paternelle; on la continue.*

(V. Sardou. — 1880.)

Sois bon même aux ingrats : le suave santal[1]
Ne parfume-t-il pas la hache qui le blesse?
Et lorsque tu mourras, rayonnant de noblesse,
Devant toi s'ouvriront les portes d'or des cieux.

(M. Bouchor, *Les Symboles.* Conseils de *Vichnou*[2].)

EN JOURNÉE CHEZ LES PAUVRES

La charité est belle en quiconque l'accomplit ; elle l'est surtout dans le pauvre qui trouve encore une parole et un denier pour le pauvre.

(Lacordaire.)

Professeur de piano, Marie Le Coispellier, la neuvième de onze enfants, n'ayant que son métier pour vivre, a trouvé le moyen, dans son active et infatigable charité, de soulager à elle seule plus d'infortunes qu'un millionnaire. Elle visite et soigne les malades. Elle va, comme elle dit, « en journée » chez les pauvres, se faisant à

---

[1] *Santal*, arbre de l'Inde dont le bois odorant est employé par les ébénistes, les teinturiers et même les pharmaciens.
[2] *Vichnou*, une des trois divinités de la religion brahmanique dans l'Inde.

la fois leur *servante* et, ce qui est plus difficile peut-être, leur *égale :* combien de louables actions la nuance imperceptible de supériorité qu'on y met n'a-t-elle pas gâtées! Marie Le Coispellier balaye la chambre de ses pauvres, elle raccommode leur linge, elle parle avec eux de leur misère en mangeant avec eux le frugal repas qu'elle a payé de son obole. Elle ramasse dans la rue les enfants abandonnés, réussit à les remettre ou plutôt à les mettre dans la bonne voie. Elle explore consciencieusement les roulottes des saltimbanques, s'enquiert de leurs besoins, réussit à leur procurer jusqu'à des chevaux pour reprendre leur vie vagabonde, immobilisée un moment par la misère. Elle les soigne quand ils sont malades, et, quand ils meurent, « elle les enterre. » Nous étonnerons-nous que la ville de Brest, qui l'a vue depuis tant d'années à l'œuvre, ait cru devoir attirer sur Marie Le Coispellier l'attention de l'Académie? Et *s'il faut estimer ceux qui font la charité de leur superflu, que dirons-nous de ceux qui la font en se privant de leur nécessaire, ou, mieux encore, qui, n'ayant pas ce nécessaire, s'ingénient et réussissent à faire leur charité sans lui ?*

(F. BRUNETIÈRE. — 1899.)

N'arrivons pas au terme de la vie sans avoir vécu, sans avoir ajouté quelque chose de nous à la provision de route de la génération qui nous suivra : un peu plus de courage et de force morale, un peu plus de bonté et de pitié. (F. PÉCAUT.

MORT POUR LA SCIENCE

La science est la bienfaitrice de l'humanité.

(BERTHELOT.)

THUILLIER était élève de l'École normale et travaillait dans le laboratoire de M. Pasteur. Saisi de cette passion de science et d'humanité que le maître savait inspirer à ses disciples, il demanda avec instance qu'on lui permît d'aller étudier le choléra en Égypte : il voulait essayer d'en découvrir la cause pour qu'il fût possible d'en trouver le remède. Pendant deux mois, il vécut au milieu des malades et des morts, penché sur ces cadavres empoisonnés, et les fouillant sans frayeur de l'œil et de la main, si bien que la contagion qu'il semblait braver le saisit un jour et le terrassa. Quoique Thuillier n'ait pas eu le temps de faire une de ces découvertes dont on garde la mémoire, son souvenir mérite de n'être pas oublié. Ses camarades ont eu la pensée touchante d'associer son nom à celui d'un autre normalien qui s'est fait tuer héroïquement à Champigny[1]. Dans le vestibule de l'École, aux deux côtés de

[1] *Champigny*, petite localité près de Paris. Combats livrés par les Français contre les Allemands, en 1870.

la porte d'entrée, ils ont placé deux plaques de marbre; l'une porte ces mots : *Georges Lemoine, mort pour la patrie; et l'autre : Louis Thuillier, mort pour la science.*

(G. Boissier. — 1887.)

Il y a au monde quelque chose qui vaut mieux que les jouissances matérielles, mieux que la fortune, mieux que la santé elle-même : c'est le dévouement à la science.

(Aug. Thierry.)

L'INSTITUTRICE

DE BEAUMONT-HAGUE

L'argent ne suffit pas à faire la charité. Il y faut ajouter le don de soi-même, une part au moins de son cœur, de son temps et de son intelligence.

(A. de Mun.)

Enfant du pays, Mlle Marion avait vingt-cinq ans lorsqu'elle arriva à Beaumont (Manche), en qualité d'institutrice, dans les premiers jours de janvier 1816, et, pendant un demi-siècle elle a été pour cette commune à la fois la maîtresse d'école, la garde-malade, la sœur de Charité, *cumulant*[1] *et trouvant moyen de remplir tant de fonctions sans les confondre.*

Comme institutrice, elle ne s'est pas ralentie un seul jour durant ce long espace de temps. Ses heures de classe sont pour elle sacrées : ce sont les seules qu'elle n'ait jamais cru pouvoir sacrifier au soin des infirmes et au service des malades. Demandez-lui le sacrifice de ses repas, de ses jours de congé, de ses nuits : elle les accorde, elle les prodigue avec joie; mais ses heures de classe, elle n'y touche jamais. C'est au point qu'après huit ou dix nuits, et quelquefois plus, passées au chevet des malades, elle a toujours trouvé assez de force et d'énergie pour ne pas prendre ne fût-ce qu'un quart d'heure de repos sur le temps dû à l'école. *La classe, c'est pour elle la tâche stricte, le devoir rigoureux.*

Sa charité pourtant s'y sentait à l'étroit, et, dès les premiers temps de son installation dans la commune, elle s'annonça pour ce qu'elle devait être toute sa vie; elle devint la sœur de Charité ordinaire, une infirmière de bonne volonté au service de tous. On s'y est vite accoutumé autour d'elle, et dès que dans une famille pauvre il éclate une affliction soudaine, dès qu'une maladie se déclare, le premier mot est : « Vite, allez

[1] *Cumulant*, remplissant en même temps plusieurs fonctions.

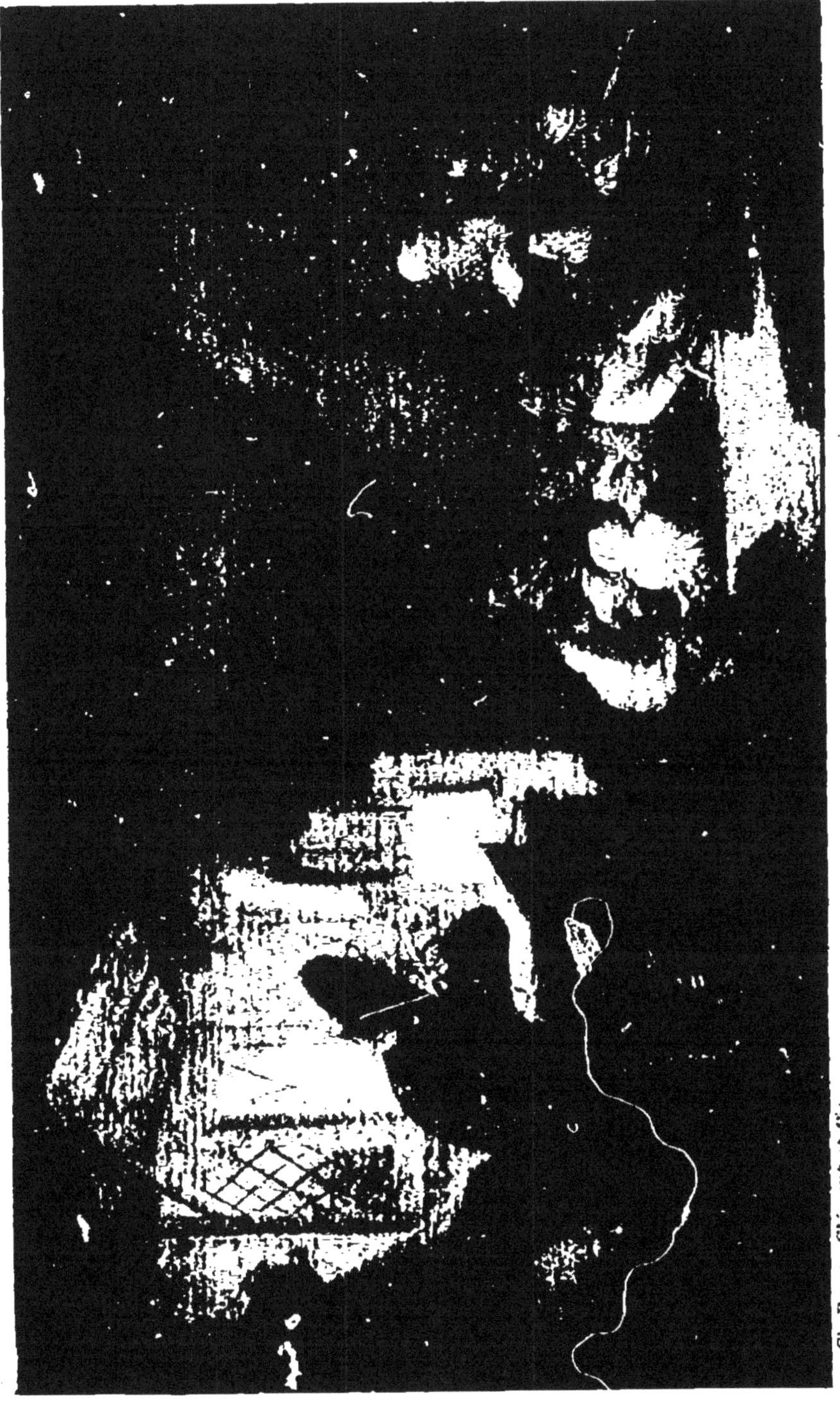

VAN OSTADE. — *Intérieur d'école.*

Cl. Braun, Clément et Cie.

(L'institutrice de Beaumont.)

Est-ce un taudis de malheureux? est-ce une prison? C'est une école du XVIIe siècle, une « geôle de jeunesse captive », où les écoliers s'accroupissent pêle-mêle, dans une demi-obscurité, à terre ou sur des bancs très bas, près de la table du vieux magister, tout absorbé dans la taille de ses plumes d'oie. Comparez cette école à celles de nos jours.

chercher la maîtresse. » Avec elle arrivent la consolation et le secours.

Elle n'a pas le dévouement seul : elle a l'esprit d'ordre et d'administration, comme il en faut dans tout ce qui dure. Elle s'aperçut de bonne heure que, de toutes les privations que la maladie révèle dans ces existences pauvres, la plus fréquente de toutes, c'est le défaut de linge, si nécessaire pourtant en pareil cas. Aussi elle a, depuis des années, établi une lingerie, — la lingerie des pauvres, — qu'elle sait entretenir à peu de frais. Pendant la guerre de Crimée, grâce au zèle et à l'industrie de l'humble maîtresse, la commune de Beaumont, qui est peut-être la plus pauvre du canton, fournit plus de linge qu'on n'en recueillit dans aucune autre.

A soixante-quatorze ans, Rosalie Marion continuait son œuvre d'institutrice dévouée et de courageuse infirmière.

(SAINTE-BEUVE. — 1865.)

Ceux-là seuls dont l'âme est vraiment belle accomplissent de bonnes et belles actions.

(ROUSSEL-DESPIERRES.)

(L'éleveuse.)

Cl. Braun, Clément et Cie.

MILLET. — *La becquée.*

Avec quelle sollicitude, la mère prépare et donne la becquée à ses trois petits! Voyez comme le col s'allonge et la bouche s'entr'ouvre pour la recevoir. Les enfants regardent, réjouis, sûrs d'avoir tous leur part.

« Oh! l'amour d'une mère, amour que nul n'oublie!
Chacun en a sa part, et tous l'ont tout entier. »

L'ÉLEVEUSE

Les malheureux les plus dignes d'affectueuse compassion ne sont-ils pas les enfants abandonnés ou maltraités,

« Parés d'un triple *diadème* [1],
Innocents, pauvres et petits? »

(V. Hugo.)

Sur le territoire de la commune de Moréac, en Morbihan, dans une pauvre cabane vit une vieille femme de soixante-quatre ans que l'on appelle l'*éleveuse*. C'est Mathurine. On la surnomme aussi la maman aux soixante-douze enfants. C'est le chiffre de ceux qu'elle a élevés. D'abord bergère, puis fille de ferme, mariée à un ouvrier des champs comme elle, c'est en 1868, près du petit ruisseau du Pont-ez-Hoah, que son mari et elle bâtirent de leurs mains la chaumière dont elle devait faire un asile pour tant de petits abandonnés. Durant les premières années, elle exerça le métier de nourrice pour augmenter un peu les ressources du ménage. Son mari gagnait dix sous par jour en hiver, vingt sous en été. Elle commence à recueillir tous les enfants qu'elle voit mal soignés. Sait-elle une famille trop nombreuse où la mère ne suffit pas? Elle s'offre. Un

[1] *Parés d'un triple diadème :* diadème, bandeau royal ; les enfants sont comme ornés de leur innocence, de leur pauvreté et de leur faiblesse.

veuf du pays est-il embarrassé de concilier ses devoirs de père et les exigences de son travail? Mathurine adopte les orphelins. Apprend-elle qu'un enfant est malade et a besoin d'être veillé? Elle accourt. Elle n'a jamais cessé d'avoir cinq ou six de ces enfants chez elle, quelquefois huit ou dix, depuis cette année 1887 où son mari est mort. On lui donne pour ce service ce que l'on veut, cinq francs par mois, un *minot*[1] de blé, rien le plus souvent. *Pour couvrir les dépenses que ses pensionnaires lui occasionnent, elle compte sur elle seule*, travaillant sans relâche, où elle peut et comme elle peut. A un moment, son indigence fut si grande, qu'elle dut laisser vendre sa cabane. Un propriétaire charitable lui a cédé un morceau de lande. *Elle s'y est construit une autre maison*. Les murs sont de terre, le toit est de chaume. Les fenêtres n'ont pas de rideaux; mais c'est de quoi abriter du froid et de la pluie ces fragiles créatures auxquelles elle continue à vouer des soins qu'ennoblit encore une piété aussi fervente que naïve. Ces petits êtres ne sont pas seulement pour l'éleveuse des existences à protéger, ce sont des âmes à sauver.

(P. Bourget. — 1906.)

L'homme le plus parfait est celui qui est le plus utile aux autres.

(Mahomet.)

[1] *Minot*, ancienne mesure de capacité qui valait près de 40 litres.

UN SAUVETEUR DE ONZE ANS

Chez les âmes bien nées,
La valeur n'attend pas le nombre des années.
(CORNEILLE.)

A ONZE ans, en 1859, le jeune Faivre accomplit son premier sauvetage à l'écluse de la Monnaie; il retire de l'eau un jeune homme de dix-sept ans qui voulait se noyer. En 1863, il sauve des enfants qui, en jouant dans une barque, étaient tombés à l'eau, et une femme qui, poussée par la misère, voulait se suicider. Il était alors élève au collège Chaptal, et c'est à la distribution des prix de son collège qu'il reçut la médaille de sauvetage que le ministre de l'Intérieur lui décerna à cette occasion. Quel tapage ont fait ses petits camarades! Ils ne ménagèrent pas sa modestie et l'assourdirent de leurs applaudissements. Ils étaient tous aussi fiers que s'ils avaient sauvé eux-mêmes des enfants et des femmes; et les mamans qui traversèrent les ponts en ramenant chez elles les petits *Chaptal*[1], après la distribution des prix, leur tinrent solidement la main pour qu'ils ne se jetassent pas à l'eau, en passant, à l'*instar*[2] de leur ami Faivre.

[1] *Les petits Chaptal*, les élèves du collège Chaptal.
[2] *A l'instar*, à l'exemple de.

Pendant le siège de Paris, le courageux Faivre continua à se dévouer et fut assez heureux pour rendre sur la rivière les plus grands services à nos défenseurs. Aussi reçut-il, dans l'année terrible, la plus belle des médailles qu'il ait jamais gagnées : la médaille militaire.

(L. SAY. — 1890.)

Un bon livre, un bon discours peuvent faire du bien; mais un bon exemple parle bien plus éloquemment au cœur.

(CONFUCIUS.)

LES FRÈRES JUMEAUX

Enfant, tu grandis : que ton cœur soit fort !
Lutte pour le bien : la défaite est *sainte* [1].

(E. MANUEL.)

DEUX frères jumeaux, Édouard et Calixte Chaix, ont su faire du lien étroit que la nature a établi entre eux une touchante association de vertu. Les actes de la Société des sauveteurs de la Méditerranée sont pleins des traits de courage de ces deux rivaux en dévouement et en amitié. On se souvient surtout de l'incendie des *soutes* à

[1] *La défaite est sainte :* dans ce cas, même la défaite ou l'insuccès est digne de respect et d'admiration.

charbon[1] du *paquebot le Caire*[2], dans le port de Marseille, le 6 décembre 1856. L'incendie du navire pouvait devenir l'incendie du port lui-même. On désespérait d'arrêter le feu, car la pompe du bord, quoique donnant avec force, ne pouvait être bien dirigée. Les deux intrépides enfants se font attacher par la ceinture et descendent résolument dans le foyer de l'incendie. A eux deux, ils saisissent le tuyau de la pompe, visent le foyer ardent, le maîtrisent. On les retire évanouis, presque asphyxiés; Édouard était couvert d'affreuses brûlures, dont il porte encore la trace profonde. *Sauver est pour ces deux frères une vocation, un besoin.* Prodigues de leur vie, qui pourtant est bien nécessaire au soutien de leur famille, ils ont arraché plus de vingt personnes à la mort. Dans un de ces sauvetages, Édouard, tombé sur une chaîne, s'enfonce deux côtes, s'évanouit presque; un heureux hasard lui permet de prendre pied. La vue du malheureux qui allait disparaître lui rend des forces; un instant après il le dépose sur le quai, dont il rougit les dalles de son propre sang.

(Ernest Renan. — 1881.)

Si tu dois souffrir, accorde à ton sort
Un regret parfois, jamais une plainte.

(E. Manuel.)

[1] *Soutes à charbon*, réduit pratiqué dans le fond du navire pour recevoir le charbon.

[2] *Paquebot*, navire à vapeur qui transporte correspondance et passagers.

SOURDE-MUETTE-AVEUGLE

« Ne pas voir et ne pas entendre, vous représentez-vous bien ce qu'il y a de ténèbres accumulées dans ces deux mots ? »

(F. BRUNETIÈRE.)

Il y avait, en 1871, à l'hôpital de l'Enfant-Jésus, à Paris, une fillette de quatre ans, Marthe Obrecht, que l'effroi des spectacles de « l'année terrible » avait rendue sourde, muette et aveugle. Les médecins, après un long temps d'observation, la déclarèrent *incurable*[1], et quatre ans plus tard, en 1875, on n'avait pu parvenir encore à la placer dans aucune des institutions consacrées à l'enseignement des aveugles ou des sourdes-muettes. Cependant elle avait de terribles colères, qui plus d'une fois avaient mis en danger la vie de ses jeunes frères. Ce fut alors qu'on eut l'idée de s'adresser aux dames de Larnay, près de Poitiers. Elles réussirent. De cette masse informe de chair, — puissé-je employer cette expression sans manquer de respect au malheur! — où ne s'agitaient confusément que les instincts animaux de notre nature, elles réussirent, à force d'ingéniosité, de patience, de douceur, de dévouement, d'applica-

[1] *Incurable*, qui ne peut être guéri.

tion, à faire jaillir l'étincelle divine; et aujourd'hui Marthe Obrecht, âgée de plus de trente ans, sait se faire comprendre; elle comprend; elle sait lire, elle sait écrire, elle sait travailler, tricoter, faire du crochet, coudre même; elle sait parler. Elle sait aimer aussi, et les dames de Larnay n'ont pas formé d'élève qui leur soit plus affectueusement ni plus fidèlement attachée.

Quelle entreprise! et que de réflexions le succès n'en suggère-t-il pas! Ne pas voir et ne pas entendre : vous représentez-vous bien ce qu'il y a littéralement de ténèbres accumulées dans ces deux mots? Vous représentez-vous, dans cette nuit, la captivité de l'intelligence? Vous représentez-vous cette horreur de sentir, par l'intermédiaire du toucher, qu'il existe un monde, et de chercher, aux murs de sa prison de *chair*[1], *une issue*[2] sur ce monde, et de ne pas la trouver! Mais quand une main compatissante et pieuse, après avoir calmé cette fureur presque inconsciente, a réussi de plus à la discipliner, nous rendons-nous bien compte de ce qu'elle a dû y employer de précautions, et d'adresse, et d'autorité? Nous rendons-nous compte, si quelquefois nous en avons douté, de la puissance de l'éducation? Et, dans cet exemple en quelque sorte grossissant, nous *rendons-nous compte enfin de*

[1] *Prison de chair*, l'absence des principaux sens fait de son corps une prison.

[2] *Issue*, un moyen de communiquer avec ce qui l'entoure.

ce que doivent être les vertus d'un éducateur? Élever un être humain, c'est vraiment le créer à la vie morale.

(F. BRUNETIÈRE. — 1899.)

Vous entrez chez un homme; il fabrique des roues et des timons; vous dites : C'est un homme utile... Vous entrez chez un instituteur; saluez plus bas. Savez-vous ce qu'il fait? il fabrique des esprits.

(V. HUGO.)

UNE FEMME BONNE

Autant que nos actes mauvais, nos mouvements de charité se propagent et fructifient.

(J. LEMAITRE.)

Mme COLLIGARD, de Theys, arrondissement de Grenoble, est l'infirmière volontaire de tous les malades des environs, et elle fait le premier pansement de tous les ouvriers qui se blessent. Beaucoup de blessés, dont les artères ont été coupées, seraient morts avant l'arrivée du médecin sans son adresse merveilleuse pour arrêter les hémorragies[1] par la pression.

Pour se dévouer aux pauvres blessés, il suffit d'avoir un bon cœur; mais, *pour rendre son dévouement efficace, il faut, outre le cœur, avoir l'intelligence, le sang-froid et l'adresse des doigts :* ce sont des qualités très rares. Chez Mme Collicard, nous trouvons tout réuni; mais, ce qui est plus rare encore, elle a la passion de soigner sans la passion si répandue et si souvent funeste de se faire médecin.

On a dit que tout le monde se croyait médecin. C'est la profession la plus nombreuse; et quand on se promène un bandeau sur la figure, on recueille, avant de rentrer chez soi, plus de cent ordonnances de ceux qu'on a rencontrés. Mme Collicard n'a pas la prétention d'être médecin; elle a simplement celle d'être bonne et de faire bien ce que les hommes de l'art prescrivent à ses malades.

Nos campagnes sont toujours désolées par la descendance abominable des anciennes *sorcières*[2] et des vieilles *conjuratrices*[2] de sorts. Je ne parle pas seulement des femmes criminelles qui

---

[1] *Hémorragies*, écoulement du sang par une artère ou une veine ouvertes.

[2] *Sorcière,... conjuratrice de sort.* — Les gens crédules attribuent aux sorciers des relations avec les esprits infernaux et le pouvoir de jeter des sorts, c'est-à-dire de faire arriver malheur. Les conjurateurs prétendaient avoir le pouvoir de détourner le malheur ou mauvais sort par des moyens surnaturels.

exploitent la crédulité de nos paysans pour leur extorquer de l'argent, et que la justice atteint quelquefois, trop rarement par malheur. Mais il y a des criminelles qui vivent tranquilles et comme entourées de la considération de tout un village, parce qu'elles connaissent des remèdes de bonnes femmes et qu'elles se chargent de guérir les malades par l'application de ces remèdes. Le nombre des enfants du peuple est considérable qui meurent ou qui perdent la vue par les pratiques dégoûtantes que les commères de village perpétuent et se passent de génération en génération, héritage d'*ineptie*[1] et de *fétichisme*[2]. Rien n'est plus digne de mépris que le remède de bonne femme, mais aussi *rien n'est plus digne d'admiration que les soins dévoués d'une femme bonne.*

(L. Say. — 1890.)

L'homme peut en proportion de ce qu'il sait.

(Bacon.)

[1] *Ineptie*, incapacité complète, ignorance et stupidité.
[2] *Fétichisme*, respect et vénération irraisonnée, comme celle des sauvages pour leurs idoles.

LE SANG-FROID

AUX HEURES DE PÉRIL

Il n'est pas donné à tout homme d'être héroïque, admirable, victorieux; mais le moins favorisé parmi nous peut être juste, loyal, fraternel.

(M. MÆTERLINCK.)

La vie de Michel Rastel, patron de douane à Saint-Marc, embouchure de la Loire, est pleine de témoignages de force d'âme et de dévouement. En 1858, à bord du *Suffren*, une pièce éclate; c'est un événement qui n'est pas assez rare malheureusement et qui fait toujours des victimes nombreuses, à cause de l'entassement inévitable des *servants*[1] *dans la batterie*. Douze morts tombent sur cet étroit espace, et vingt-quatre blessés, brûlés et aveuglés par les flammes, asphyxiés par les gaz *délétères*[2], déchirés par les éclats du métal, font entendre leurs gémissements. Au même moment, quatre pièces partent à la fois, et l'équipage, convaincu que la *soute aux poudres*[3] a pris feu, commence à sauter

[1] *Servants*, artilleurs employés au service d'une batterie ou rangée de canons.

[2] *Délétère*, gaz irrespirable qui donne la mort.

[3] *Soute aux poudres*, voir Soutes, page 170.

par les *sabords*[1]. *Placé au porte-voix, Rastel, gardant son sang-froid au milieu de ce trouble, arrête la panique; les secours s'organisent, et le service rentre dans l'ordre.*

Chargé du commandement d'un canot de sauvetage, neuf grandes expéditions, effectuées dans les conditions les plus dramatiques et les plus périlleuses, lui valent la croix de la Légion d'honneur; vingt-neuf naufragés lui doivent la vie. La belle nature de cet homme énergique se manifestait naguère dans la baie de Pouliguen. Le canot qu'il dirigeait vers un bâtiment en détresse chavire et se brise sur les rochers, roulé par des vagues énormes. Pendant une heure, au milieu de la tempête, *Rastel, la poitrine meurtrie et vomissant le sang, donne aux canotiers l'exemple du sang-froid;* luttant contre les vagues qui les portent vers les écueils, *il veille sur eux jusqu'à leur arrivée à terre, où il prend enfin pied le dernier*, certain qu'il n'abandonne aucun des siens à la fureur des flots.

(J.-B. Dumas. — 1878.)

Je n'ai jamais eu peur de la mort.

(Drouot.)

[1] *Sabords*, ouvertures par lesquelles passent les bouches des canons.

LA VARIOLE A PONTEVÈS

Ceux-là sont des frères qui veulent partager les souffrances les uns des autres et qui dirigent leurs forces à se rendre heureux mutuellement.

(Ch. Renouvier.)

Il y a eu, au mois de février 1868, dans le département du Var, à Pontevès, l'épouvantement de la peste noire : c'est le nom sinistre qu'on donne encore en ces contrées à la variole. Tout le monde fuyait ; les morts, les malades étaient abandonnés dans les maisons désertes. Une femme de soixante ans, Millon-Merle, restait presque seule, avec son mari, digne d'elle. Ils allaient de porte en porte consoler les moribonds, prodiguer leurs soins où il y avait encore quelque espoir, ensevelir ceux qui avaient cessé de vivre. Quelques jours se passèrent : ils n'avaient pas été atteints par le fléau. *Leur exemple releva les courages ;* la population revint peu à peu, et quoique l'épidémie ait encore duré trois longs mois, les victimes qu'elle a frappées n'ont pas été du moins délaissées sans secours.

La femme Merle a toujours été pauvre, parce qu'elle a *toujours partagé son pain avec de plus pauvres qu'elle.* Quand les indigents la voient entrer dans leur masure : « Voici venir la providence, » disent-ils dans leur langage.

(C. Rousset. — 1873.)

La peur est le dernier des malheurs... Le courage est le plus grand bonheur. Il rend la vie plus belle et la mort moins redoutable. Honneur à ceux qui, par leur exemple, entretiennent en nous la flamme sacrée du courage!

(C. Wagner.)

FILLETTES RECUEILLIES

INSTRUITES, SAUVÉES

J'instruis tous les enfants du village, et les heures
Que je passe avec eux sont pour moi les meilleures.
Je me dis que je vais donner à leur esprit
La vérité, ce pain dont l'âme se nourrit.

(Lamartine.)

Mlle Rault, née aux environs de Saint-Brieuc, établie à Paris, a eu pendant plus de trente ans, comme institutrice et comme garde-malade, une admirable carrière de bienfaisance. Elle s'est consacrée enfin à la *régénération*[1] morale

[1] *Régénération morale*, patients efforts pour ramener au bien.

des jeunes filles abandonnées ou coupables. Qui de nous n'a été *obsédé*[1] par la mendicité silencieuse ou machinalement plaintive de ces petites filles déguenillées offrant une fleur au passant ?... Mlle Rault s'est donné pour mission de recueillir ces malheureuses et de les sauver. Elle y a réussi depuis deux ans pour une dizaine d'entre elles, dont la plus jeune a sept ans et l'aînée quinze. Elle leur enseigne d'abord l'oubli de leur passé en feignant de l'oublier elle-même, et, dans son logement exigu, leur donne le *viatique*[2] du travail et l'éducation. Elle leur apprend sa modeste industrie, la confection des parapluies, et elle est obligée de prendre sur son sommeil pour restituer à cette industrie peu lucrative le temps consacré aux leçons et à l'apprentissage. Considérez l'extrême difficulté de son entreprise. Elle ne compte que sur ses propres ressources ; *elle a sacrifié ses économies jusqu'à son dernier titre de rente,* vendu pour ne pas refuser une enfant suppliante qui s'était, pendant une nuit entière, étendue sous la pluie en travers de sa porte. Elle couche par terre ; elle a cédé son lit et trouvé le secret de faire la classe à ses dix écolières avec une seule petite table pour tout mobilier scolaire. Quelle fête ce fut, un jour, pour ces pauvres fillettes, d'avoir pu, en amassant des sous gagnés à faire des commissions, offrir à celle qu'elles appellent

---

[1] *Obsédé,* importuné et lassé d'incessantes demandes.
[2] *Viatique,* moyen de vivre par le travail.

leur mère, le régal extraordinaire d'un litre de lait !

(SULLY-PRUDHOMME. — 1888.)

Les écoliers affectueux et reconnaissants donnent une pure joie du cœur à leurs maîtres dévoués. Les bons petits élèves consolent de tout.

(CH. WAGNER.)

AU HAVRE DE BLAINVILLE

Fais ce que dois, advienne que pourra.

TOUT le monde sait combien la navigation est dangereuse sur la côte occidentale de la Manche. Quand les courants viennent à heurter le flot et le vent contraire, la mer grossit tout à coup, et telle embarcation qui est sortie par un temps favorable se trouve enveloppée dans la tempête. Il y a, au havre de Blainville, un de ces marins prompts à tous les dévouements, habiles à tous les services, pour qui la patrie, dont ils ont été la force et la consolation dans ses malheurs, n'aura jamais assez de reconnaissance. Boivin sait tout ce que cette mer a de caprices et d'écueils ; dès qu'elle gronde, il se tient prêt. Un jour, il s'embarque avec quelques braves compagnons ; la *houle*[1] est médiocre, bonne sera la pêche ; mais on est au mois de mars, temps d'*équinoxe*[2] et de surprises. Soudain le vent fraîchit, bientôt il souffle en *foudre*[3], et la mer démontée se creuse sous le choc de la *rafale*[4]. A quelque distance, une chaloupe vient de chavirer ; quatre hommes sont cramponnés à la *quille*[5]. Boivin a tout vu, il court sur les naufragés ; mais, tandis qu'il dirige la manœuvre, une lame le prend par le travers, *déferle*[6] et le jette par-dessus bord. Il est perdu ! Non ; après bien des efforts, ses camarades parviennent à le recueillir, épuisé ; il lui faut des soins qu'on ne pourra lui donner qu'à Blainville : on s'oriente pour le retour. Boivin se relève : « Allons donc ! s'écrie-t-il ; avant tout, sauvons-les ! » Il a vu de près la mort ; elle l'a saisi un moment, et c'est parce qu'il vient de subir ses horribles étreintes qu'il veut à tout prix lui arracher ses victimes. Il les lui arrache. Ce trait, d'une grandeur si simple, ne restera point isolé ; sept fois Boivin s'est dévoué de

---

[1] *Houle*, ondulations des eaux de la mer avant ou après la tempête.

[2] *Équinoxe*, époque où les jours sont de même durée que les nuits et où le temps est très variable.

[3] *En foudre*, subitement, avec une extrême violence.

[4] *Rafale*, coup de vent brusque et violent.

[5] *Quille*, longue pièce de bois qui s'étend sous le navire et soutient la construction.

[6] *Déferle*, se brise sur le bord du bateau.

même, et vingt-deux personnes déjà lui doivent la vie ; *il a cinquante ans, il est chargé de famille : n'importe, il est résolu à se dévouer toujours.*

(C. ROUSSET. — 1873.)

Il faut toute la vie tâcher de se surpasser.

(REINE CHRISTINE.)

BON TERRE-NEUVE

SAUVE DE RACE

Que tout notre orgueil soit d'être chaque jour plus juste, plus courageux que nous ne l'étions la veille.

(D'après PRÉVOST-PARADOL.)

DANS le *livre d'or*[1] des sauveteurs, il faut inscrire aussi le nom de Raymond Pitet. Quand il était enfant, sa mère, fille d'un pêcheur de Trouville qui avait sauvé plusieurs personnes, lui disait, en montrant les médailles du vieux marin :

[1] *Le livre d'or*, registre sur lequel on inscrivait autrefois les noms des nobles dans certaines villes d'Italie. Ici, livre où l'on inscrit les noms et les belles actions des héros.

« J'espère bien que tu feras comme lui. » Bon terre-neuve sauve de race. A seize ans, Raymond Pitet accomplit un premier sauvetage. Vingt autres ont suivi. C'est, en tout, vingt et une personnes qui lui doivent la vie. Détail à noter, M. Raymond Pitet n'est pas marin. Il est professeur de gymnastique à Paris. Mais chaque année, à l'époque où ces prisons qu'on appelle des collèges ouvrent leurs portes, il va passer quelques semaines chez sa mère, au Havre, et il trouve toujours l'occasion de sauver une ou deux personnes. C'est sa façon à lui d'employer ses vacances. Tantôt il se jette à la mer tout habillé et ramène au rivage un nageur qu'entraînait le courant; tantôt il plonge à deux reprises sous un bateau plat pour en retirer un enfant. Au Havre, Pitet habite le quai Notre-Dame. Une nuit, il entend de son lit des cris de détresse. C'est un matelot anglais, peut-être un peu gris, qui s'est laissé choir d'un *charbonnier*[1]. Sans prendre le temps de se vêtir, Pitet descend sur le quai, se jette, nage vers l'Anglais, l'atteint et le sauve. Ce grand sauveteur n'est pas, d'ailleurs, un spécialiste. C'est, si je puis dire, un *encyclopédiste*[2] du sauvetage. Il va au feu comme il va à l'eau. Il arrache les gens du milieu des flammes, il arrête les chevaux emportés, il court au-devant

[1] *Charbonnier*, navire qui transporte du charbon.

[2] *Encyclopédiste du sauvetage*, qui connaît tous les moyens de sauver, qui a tous les héroïsmes.

des trains en marche pour prendre à la volée des enfants tombés sur la voie. Je ne doute pas qu'en notre vertigineuse et meurtrière époque d'automobiles et de tramways électriques, il n'inaugure bientôt un nouveau genre de sauvetage. Depuis que l'Académie lui a donné un prix, j'ai eu la bonne fortune de rencontrer M. Raymond Pitet. Il n'a rien d'un *athlète*[1]. A voir sa taille mince, son aspect presque frêle, son allure timide, ses yeux très doux, on dirait plutôt d'un professeur de langues ou de géographie que d'un professeur de gymnastique. J'étais tenté de lui demander : « Est-ce bien vous le sauveteur? » C'est un modeste. Il tient tout ce qu'il a fait pour la chose la plus simple du monde. *Il semble qu'en sauvant ses semblables, il accomplisse une fonction naturelle.* Comme je le questionnais sur les sentiments qu'il avait éprouvés après son premier sauvetage, il m'a répondu : « Je ne sais pas bien. *Ça m'a fait plaisir, et ça m'a donné l'envie de recommencer.* »

(A. HOUSSAYE. — 1902.)

Le bien qu'on fait la veille fait le bonheur du lendemain.

(PROVERBE INDIEN.)

[1] *Athlète,* homme très fort et très robuste.

L'HOTELLERIE DE LA CHARITÉ

Pieux est celui dont les pièces d'argent,
Acquises par un dur labeur et sans reproches,
Témoignent devant Dieu qu'il est bon pour ses [proches
Et partage avec l'indigent.

(M. Bouchor, *Mohamed aux Croyants.*)

Nous voici à Tavers, près de Beaugency, sur la grande route de Paris à Bordeaux ; le chemin de fer ne l'a pas rendue déserte, car il y a encore beaucoup de pauvres voyageurs qui cheminent à pied, la bourse et l'estomac vides. C'est pour eux que s'ouvre, à Tavers, l'*hôtellerie de la Charité.* Les époux Lepage ne sont point hôteliers cependant ; ils sont vignerons et cultivateurs ; mais leur charité est si grande que, dans tout le pays, leur maison est connue sous le beau nom que je viens de dire. Chaque année, après la récolte, les époux Lepage font d'abord la part des pauvres ; souvent la récolte tout entière y passe ; parfois même elle n'y suffit pas ; et ce sont les épargnes des bonnes années qui sont sacrifiées pour suppléer ce qui manque. L'amour des pauvres voyageurs est de tradition dans la famille de Mme Lepage ; sa mère le lui a légué comme un héritage, au lit de mort. « Ne rebutez personne, lui a-t-elle dit ; le Ciel a toujours béni la charité. » Fidèle à ce devoir, Mme Lepage, depuis vingt-six

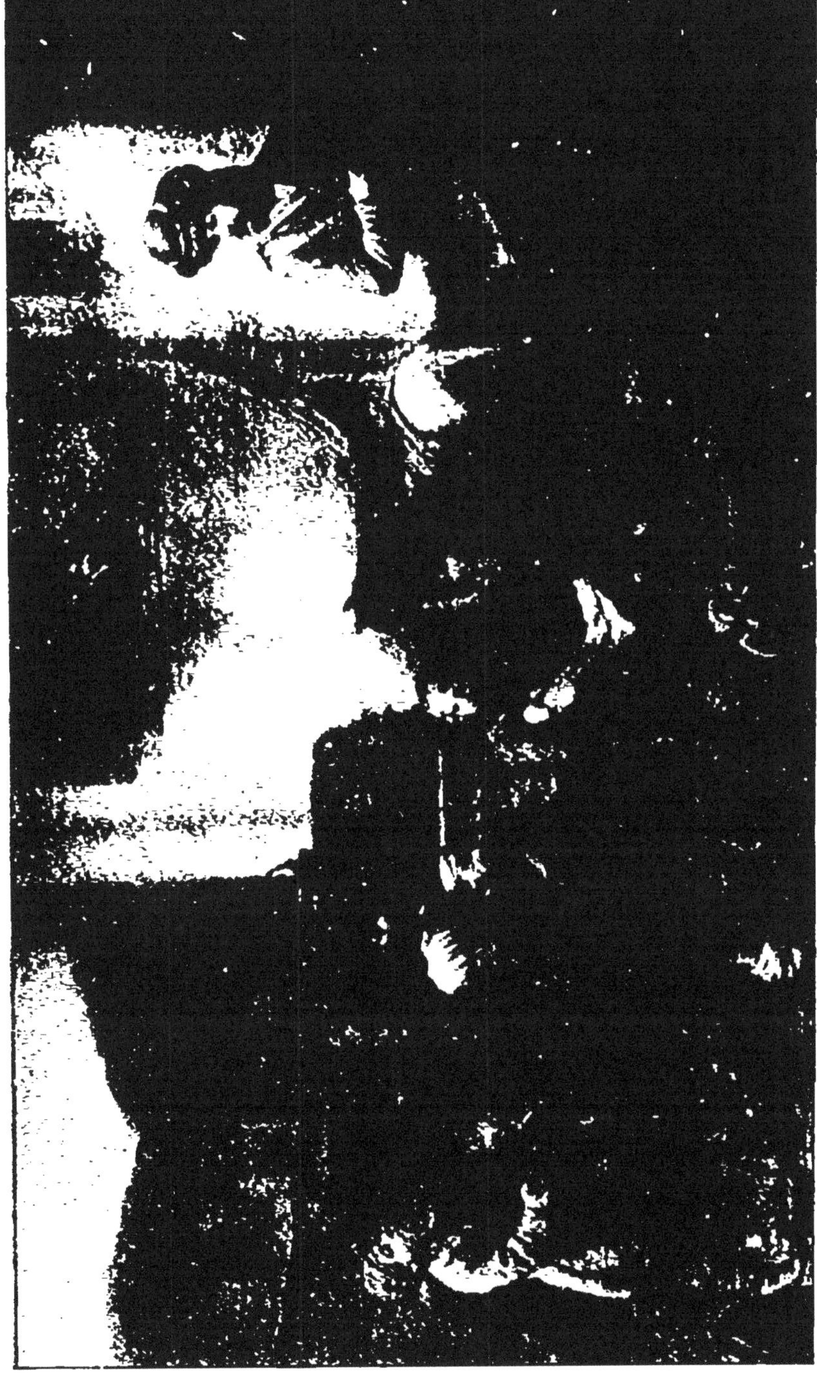

REMBRANDT. — *Le bon Samaritain.*

(L'hôtellerie de la charité.)

Cl. Braun, Clément et Cie.

Le bon Samaritain a relevé et transporté jusqu'à l'auberge le pauvre blessé, abandonné sur la route, à la nuit tombante. Quelles souffrances dans ce corps affaissé, brisé, qu'avec précaution l'on porte par ses membres meurtris! et quelle expression de reconnaissance dans cette physionomie d'agonisant qui se sent revenir à la vie en se voyant entouré de tant de soins!

ans, n'y a pas manqué un seul jour; c'est par milliers que se comptent les passants dénués de ressources qui, sous ce toit hospitalier, ont trouvé un abri, du pain, des soins consolateurs et des encouragements au bien.

Un jour une voiture bourgeoise, attelée de deux bons chevaux, s'arrête devant l'hôtellerie de la Charité; un homme bien vêtu en descend; il entre : « O mes chers bienfaiteurs, s'écria-t-il, me reconnaissez-vous? » C'était un ouvrier qui, comme tant d'autres, recueilli pour une nuit dans cet asile, avait, grâce à M. Lepage, trouvé du travail à Beaugency. Probe, intelligent, laborieux, il avait prospéré jusqu'à faire fortune, et c'était lui qui, devenu riche, venait fêter, avec ceux qui l'avaient aidé à sortir de la misère, le souvenir du temps où il avait reçu d'eux l'aumône avec les bons conseils.

(C. Rousset. — 1873.)

La reconnaissance est la mémoire du cœur.

LA
SAINTE-MARTHE EN PERDITION

C'est dans les grands dangers qu'on voit les grands courages.
(REGNARD.)

I

Le 6 mars 1901 au matin, les guetteurs postés dans le clocher de Roscoff signalèrent, à moins de deux milles au large, un navire en perdition. C'était un trois-mâts du port de Bordeaux, la *Sainte-Marthe*. Son *gouvernail* [1] brisé, sa voilure en lambeaux, la *goélette* [2] flottait déjà comme une épave, et le flux la chassait à la côte de Plouescat, que borde une triple chaîne de rochers à fleur d'eau et d'écueils sous-marins. Ces parages redoutables étaient exploités autrefois par les naufrageurs. Dans les nuits de tempête, ils y attiraient les navires au moyen de *fanaux* [3] attachés aux cornes des vaches; quand la mer avait accompli son œuvre de destruction, ils

[1] *Gouvernail*, appareil placé à l'arrière d'un navire et qui sert à le diriger.
[2] *Goélette*, bâtiment à voiles.
[3] *Fanaux*, grosses lanternes ou feux allumés à l'entrée des ports pour guider les navires.

venaient piller les épaves. Autres temps, autre esprit. Le pays des naufrageurs est devenu le pays des sauveteurs. Au premier signal, deux canots de sauvetage, celui de Roscoff et celui de l'île de Batz, prennent la mer pour secourir la *Sainte-Marthe*. Ils sont montés chacun par douze marins vaillants et robustes, rompus à ces périlleuses expéditions; ils ont comme patrons deux hommes décorés de la Légion d'honneur pour vingt sauvetages en pareilles circonstances. Les canots bondissent sur les lames, s'approchent à deux *encâblures*[1] du navire maintenant engagé parmi les *récifs*[2]. Les matelots de la *Sainte-Marthe* se croient sauvés. Ils sont perdus. Arrêtés par des remparts de rochers sur lesquels c'est miracle qu'ils ne se soient pas déjà brisés, les deux canots virent de bord tour à tour. Les sauveteurs s'en retournent, aussi désespérés que ceux qu'ils abandonnent, et, selon l'expression de l'un des patrons, « la mort dans l'âme, les mains saignantes et les genoux pelés. » Un jeune charpentier de Roscoff, David Didier, et cinq hardis compagnons mettent une embarcation à flot pour tenter le sauvetage que n'ont pu accomplir les professionnels. L'état de la mer rend vains leur dévouement et leurs efforts.

Par trois fois, les vagues furieuses les rejettent au rivage. (*A suivre.*) (H. HOUSSAYE. — 1902.)

---

[1] *Encâblure*, distance d'environ deux cents mètres.
[2] *Récifs*, chaînes de rochers à fleur d'eau dans la mer.

La « Sainte-Marthe » en perdition.

GÉRICAULT. — *Le radeau de la « Méduse ».*

Cl. Braun, Clément et Cie.

Des cent cinquante personnes de la *Méduse*, survivent quinze malheureux, depuis huit jours sur ce radeau. L'un d'eux vient d'apercevoir, à l'horizon, un bout de voile. Aussitôt tous ces mourants se dressent vers ce rayon d'espoir; tous, sauf un vieillard, un père désespéré qui tient sur ses genoux le cadavre de son fils et regarde fixement les flots qui vont l'engloutir!

II

LE SAUVETAGE DES NAUFRAGÉS

La *Sainte-Marthe*, toujours poussée par le flux, s'engage de plus en plus au milieu des écueils. Des grèves de Plouescat et de Cléder, où quinze cents personnes sont accourues, on voit avec angoisse le navire ballotté à une demi-lieue du rivage entre deux grands récifs, le roc Haxo et le Squeïs. Il y est pris, ainsi que par de gigantesques tenailles. Dans cette foule émue et silencieuse comme devant la mort, deux hommes se consultent du regard. L'un, Tanguy Floch, a fait à bord du *Fabert* la campagne de Madagascar. Son congé fini, il est revenu dans sa chaumière natale, près de ses vieux parents, qu'il fait vivre de sa pêche. Il a pour tous biens ses bras, sa barque et ses filets. L'autre, René Bourel, est son voisin. Il travaille à la terre, mais il pêche quelquefois avec Floch. Signe particulier : il ne sait pas nager. « Si on y allait ? » dit Floch à voix basse. Les Bretons sont peu bavards; Bourel acquiesce d'un simple signe de tête. Aussitôt ils poussent dans le sable, vers la mer, la barque de Floch, un mauvais *rafiau*[1] de trois

[1] *Rafiau*, embarcation très petite.

mètres à peine, sans gouvernail ni aviron[1] de fortune. « Nous n'avons pas beaucoup réfléchi, dirent-ils plus tard; mais nous voyions des hommes sur le point de mourir et nous n'avons pensé qu'à eux. »

Floch et Bourel doivent d'abord vaincre la résistance de ceux qui les entourent. Parents, amis, voisins veulent les détourner d'aller inutilement à la mort. On leur barre le chemin, on les retient par leurs vêtements. C'est en vain! La barque entre dans la nappe d'écume, elle s'efface sous le voile des *embruns*[2], elle disparaît derrière les hautes vagues d'un vert livide. Soudain, on la revoit, presque immobile. Un remous l'a portée sur une roche plate à fleur d'eau, d'où elle ne peut démarrer. Alors Bourel, — celui qui ne sait pas nager, — saute hors du canot, s'arc-boute, et, d'une poussée, la remet à flot, tout en y prenant place par un vigoureux rétablissement. La mer déferle avec fureur. La coque de la *Sainte-Marthe* se déchire aux écueils. Le capitaine commande à ses hommes de se jeter à la nage pour tâcher de gagner les rochers. Les lames sont si impétueuses et si précipitées, les récifs semblent si aigus et si inabordables, que cinq hommes seulement, sur les onze qui forment l'équipage, se résolvent à quitter la goélette en perdition. Une

---

[1] *Aviron*, rame pour diriger l'embarcation.

[2] *Embruns*, sorte de brume formée par la poussière d'eau des vagues qui se brisent.

vague monstrueuse balaye le pont et entraîne le capitaine. Une autre, puis une autre encore s'abattent sur la *Sainte-Marthe*, qui se disloque, sombre et engloutit avec elle les six matelots restés à bord. Les six survivants, parmi lesquels est le capitaine, nagent désespérément, sans pouvoir avancer. Mais Bourel et Floch arrivent. Ils ne s'arrêtent pas à choisir parmi les naufragés ; ils hissent dans leur canot ceux qui sont le plus près d'eux, le novice et le second, et reviennent, avec les mêmes difficultés et les mêmes périls qu'à l'aller, les déposer à demi évanouis sur la grève. (*A suivre.*)

III

LE SAUVETAGE DES NAUFRAGÉS

(SUITE)

La tâche des deux intrépides Bretons n'est pas achevée, puisqu'il reste encore des hommes à sauver. Ils se rembarquent, malgré les supplications de la foule qui, tout en les acclamant, s'efforce de les retenir. « Maintenant que nous sommes mouillés, dit simplement Bourel, autant vaut continuer. » Comme la peur, l'héroïsme est contagieux, les batailles en offrent cent exemples. Pour cette seconde traversée, un pêcheur de Sibiril, Jean-Marie Tanguy, a demandé à accompagner Floch et Bourel. Il part avec eux. Deux hommes rament; le troisième, armé de l'*écope*[1], rejette l'eau hors du canot, qui se remplit sans cesse. On passe par-dessus les vagues, on passe au travers des *brisants*[2], on atteint le lieu du naufrage. Deux des nageurs, à bout de forces, se sont laissés couler. Mais on rejoint le capitaine, qui flotte à la dérive sur un débris d'échelle où il a engagé ses bras et ses jambes. Il est en sang, à demi mort, incapable de faire un mouvement. Tandis que Floch rame, ses compagnons s'y reprennent à vingt fois pour détacher de l'épave ce gros corps inerte. Ils parviennent enfin à le hisser à bord par l'arrière. Sous ce poids, le canot bascule, se dresse verticalement, presque toute la quille hors de l'eau; par miracle, au lieu de *capoter*[3], il retombe sur la vague. On fait force de rames pour regagner le rivage, car Floch a aperçu deux naufragés cramponnés à la roche du Squeïs, et il ne veut pas tarder à leur porter secours. Le troisième voyage est plus périlleux encore. Autour du Squeïs, les épaves de la goélette, poutres, mâts rompus, débris de carcasse, flottent comme des récifs mouvants sur la mer démontée. En outre, le flot commence à descendre, et le *jusant*[4] multiplie les

---

[1] *Écope*, pelle creuse pour rejeter l'eau.

[2] *Brisants*, écueils à fleur d'eau contre lesquels les vagues viennent se briser.

[3] *Capoter*, se retourner sens dessus dessous.

[4] *Jusant*, mouvements des eaux qui se retirent.

ressacs[1]. Des vagues énormes battent sans cesse la roche d'où le maître d'équipage et le cuisinier de la *Sainte-Marthe*, glacés et sanglants, manquent d'être arrachés à chaque assaut de la mer. A s'approcher du récif pour y prendre ces hommes, les sauveteurs risquent que leur frêle canot soit broyé contre le granit comme une coquille d'œuf. Ils attendent en *louvoyant*[2]; puis, avec un admirable esprit de décision, ils saisissent le court instant d'accalmie qui suit d'ordinaire le déferlage successif de trois lames, donnent un vigoureux coup d'*aviron*[3], frôlent le rocher et en enlèvent les naufragés.

(H. Houssaye. — 1902.)

A cœur vaillant, rien d'impossible.

---

[1] *Ressac*, violents mouvements de retour des vagues qui se sont heurtées à des obstacles.

[2] *Louvoyant*, naviguant prudemment en faisant des détours pour lutter contre le vent et éviter les écueils.

[3] *Aviron*, voir page 193.

(Les orphelins de pêcheurs.)

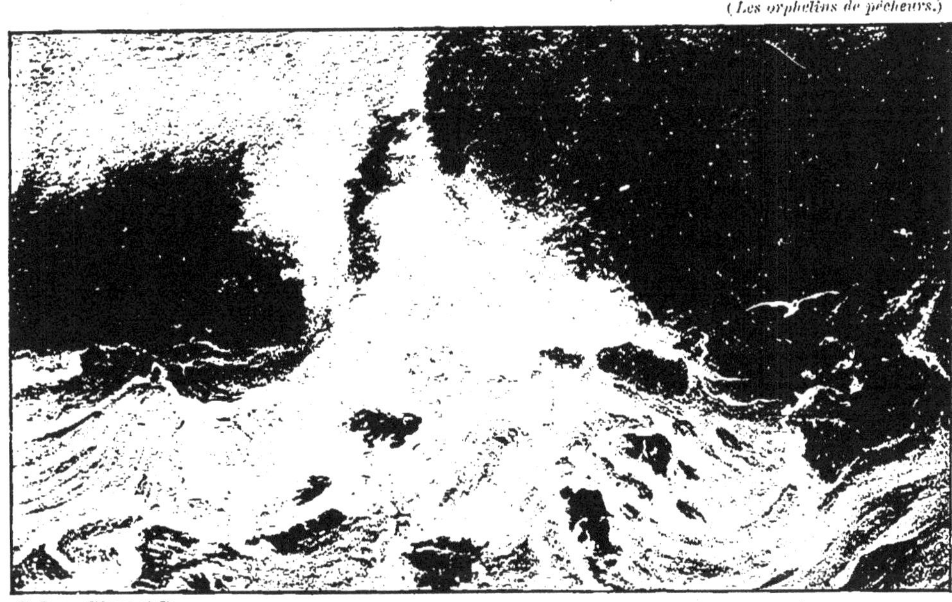

Cl. Braun, Clément et Cie.

PAUL HUET. — *La tempête.*

.. Blanc d'écume,
Au ciel, au vent, aux rocs, à la nuit, à la brume,
Le sinistre océan jette son noir sanglot.

. . . .
Le gouffre roule et tord ses plis démesurés.

(V. HUGO.)

LES ORPHELINS DE PÊCHEURS

Que deviennent les enfants des marins « sombrés dans les nuits noires » ?

C'ÉTAIT au monde et à la vie du monde que son nom, son éducation, sa situation sociale semblaient avoir destiné Mlle de Croismare; mais elle habitait à quelques heures du Havre, au long des falaises du pays de Caux, et les vers du grand poète résonnaient dans son cœur plus haut que tous les bruits de fêtes.

Où sont-ils, les marins sombrés dans les nuits noires?
O flots, que vous savez de lugubres histoires,
Flots profonds, redoutés des mères à genoux!
Vous vous les racontez en montant les marées,
Et c'est ce qui vous fait ces voix désespérées
Que vous avez le soir, quand vous venez vers nous!

Où sont-ils, les marins? Et leurs enfants, que deviennent-ils? Mlle de Croismare prit la résolution de se consacrer entièrement à ceux qu'un coup de mer, une *saute de vent*[1], un choc dans la

[1] *Saute de vent*, brusque et violent changement de direction du vent.

brume, a rendus orphelins ; et, depuis vingt ans qu'elle a fondé son asile de Saint-Martin-du-Bec, tout ce qu'elle avait de fortune, de vaillance et de dévouement, elle l'a dépensé à la réalisation de ce noble dessein. Elle ne se contente pas d'élever ses *pupilles*[1], elle supporte les frais de leur apprentissage, et, malades ou sans place, la maison de l'orphelinat leur demeure toujours libéralement ouverte.

(F. BRUNETIÈRE. — 1899.)

Donnez, riches ! L'aumône est sœur de la prière.
Donnez ! afin qu'on dise : Il a pitié de nous !
Afin d'être meilleurs...

(V. HUGO.)

[1] *Pupilles*, orphelins recueillis par elle.

DÉVOUEMENT AUX PAUVRES

Pensez à tous les maux dont vous êtes exempts.

(JOUBERT.)

C'EST une héroïne de dévouement que Mlle Mignard, qui porte avec modestie un nom illustre; car elle est l'arrière-petite-nièce du grand peintre. Elle s'est dévouée aux pauvres, ou plutôt à une certaine catégorie de pauvres, à laquelle il faut d'autant plus penser qu'elle ne demande rien. Toutes les ressources de sa petite fortune, tous les gains que peut lui procurer son art, car elle tient le pinceau comme son illustre ancêtre, passent à entretenir une maison où elle reçoit gratuitement, aussi longtemps que cela est nécessaire, quelques femmes qui ont connu autrefois une fortune meilleure. Pour ces femmes, Mlle Mignard n'est pas seulement une bienfaitrice, mais une amie. Quand elle rentre, fatiguée elle-même d'une longue journée passée au dehors à donner des leçons, elle s'asseoit à la même table, et c'est elle qui les sert. Après le dîner, elle leur consacre sa soirée, *et prête au récit, toujours long, de leurs misères, cette attention qui est la forme la plus délicate et la plus rare de la compassion*. Elle s'ingénie pour leur venir en aide; elle trouve le moyen d'intéresser à leur sort ceux qui peuvent leur prêter un appui efficace, et, depuis six ans que cette modeste maison a été fondée par elle, elle a déjà fait rentrer dans les conditions régulières de la vie plusieurs personnes qui, sans la main qu'elle leur a tendue, auraient roulé jusqu'au fond de la plus effroyable détresse.

(Comte D'HAUSSONVILLE. — 1896.)

Dans la charité, la délicatesse est la grâce[1] *du bienfait.*

(SULLY-PRUDHOMME.)

LES VERTUS IGNORÉES

La vie abonde en beaux mystères autant qu'en douloureux secrets.

(GUIZOT.)

LA *liste serait longue des vertus anonymes*[2] *que nous ignorons et qui fleurissent dans l'obscu-*

---

[1] *La grâce du bienfait*, ce qui plaît et charme dans le bienfait.

[2] *Vertus anonymes*, actes de vertu dont les auteurs nous sont inconnus.

rité. Il est d'admirables femmes qui gravissent les escaliers des pauvres, pénètrent dans les mansardes, soulagent les misères et laissent après elles le souvenir de leurs bienfaits sans laisser leur nom. Les malheureux disent d'elles : « C'est cette dame qui vient quelquefois. » Ou encore elles prennent un faux nom, comme Mme de Lamartine, qui faisait le bien sous un *pseudonyme*[1]. Je parlais des vertus cachées, des vertus instinctives dont ne se rendent même pas compte ceux qui les possèdent. Qu'une occasion arrive, qu'une catastrophe survienne, alors ces vertus éclatent, soudaines, irrésistibles, inoubliables. Les proverbes prétendent que l'occasion fait le *larron*[2]. Dans l'ordre civique, dans l'ordre militaire, où la vertu s'appelle d'un mot très simple, le devoir, partout l'occasion fait aussi le héros. Ne l'avons-nous pas vu, dans ce tragique jour d'épouvante dont la date sera toujours pour Paris un souvenir de deuil, lorsque les flammes du *Bazar de la Charité*[3] consumèrent en quelques minutes tant de créatures humaines, le matin souriantes, heureuses, toutes allant au rendez-vous de la bonté, les unes pour vendre, les autres pour acheter? En même temps que le sentiment d'horreur unissait tous les cœurs, le dévouement inné qui gît au fond des âmes poussait des spectateurs, des

---

[1] *Pseudonyme*, nom d'emprunt.
[2] *Larron*, celui qui vole secrètement, par ruse.
[3] *Bazar de la Charité*, voir page 149.

passants, à sauver leurs semblables, et, à la même minute qui faisait tant de victimes innocentes, faisait aussi des héros improvisés.

Elles développent immédiatement, électriquement, le sentiment de la solidarité humaine, ces grandes occasions de deuil qui sont comme les grands jours de pitié. L'horrible journée a du moins permis de mettre en lumière de braves gens, comme elle nous a permis d'unir, dans une même admiration douloureuse, ceux qui sont morts, là-bas, de cette mort atroce, ces femmes, ces jeunes filles, ces enfants, toutes ces martyres, à l'heure où la destinée réunissait dans cette *promiscuité*[1] *lugubre*[2] une princesse royale et une fille du peuple, de ferventes chrétiennes et des israélites, *une nihiliste*[3] et des sœurs de Charité. Et dans ce tas affreux et sublime, l'admiration humaine n'a pas eu à reconnaître les siens. Elle les a salués, elle les a honorés, elle les a pleurés. Elle ne les oublie pas !...

La fraternité dans la mort enseigne la solidarité dans la vie, et le malheur fait soudain briller certaines vertus, comme la nuit fait scintiller les étoiles.

(J. CLARETIE. — 1897.)

---

[1] *Promiscuité*, mélange confus de personnes de toutes conditions.

[2] *Lugubre*, qui inspire la tristesse et la pitié par cette mort tragique.

[3] *Nihiliste*, révolutionnaire russe qui veut supprimer tout gouvernement.

BIENFAISANCE D'UN HUISSIER

Donnez du peu que vous avez à ceux qui ont encore moins.

(LACORDAIRE.)

JEAN-BAPTISTE Sirven, de Castres, est un vieillard de quatre-vingts ans qu'ont laissé sans ressources, après une vie de travail opiniâtre, des sacrifices constants à la famille nombreuse de sa très digne femme. Phénomène édifiant : une quinzaine d'alliés, beau-père, belle-mère, beau-frère et belle-sœur, fille, gendre et petits-enfants de ceux-ci ont éprouvé tour à tour sa générosité, qui tient du prodige par l'*exiguïté*[1] de ses ressources et par sa persévérance indomptable dans des circonstances toujours difficiles et souvent dramatiques. Ce n'est pas l'instinct paternel, ce n'est pas la voix du sang qui l'a poussé à tant de dévouement, c'est l'*abnégation*[2] la plus pure. Il remplit les modestes et pénibles fonctions de *porteur de contraintes*[3]. Sa pauvreté l'y force, mais sa bonté y répugne : de là un perpétuel conflit dans son âme entre le

---

[1] *Exiguïté de ses ressources*, très faibles ressources.
[2] *Abnégation*, voir page 15.
[3] *Porteur de contraintes*, huissier qui porte aux débiteurs les ordres de payer sous peine de condamnation et parfois même d'emprisonnement.

devoir et la pitié. Aussi sa façon de poursuivre les débiteurs est-elle étrangement nouvelle, car il leur facilite lui-même leur libération et parfois même il paye de sa propre bourse, si peu garnie, les frais qu'il est obligé de leur faire. L'intérêt que nous inspire cet excellent vieillard est d'autant plus vif qu'il a un fondement historique. Jean-Baptiste Sirven est l'arrière-neveu du fameux protestant Sirven dont le nom, associé à celui de Calas dans les ardentes campagnes de Voltaire pour la justice contre les juges, a pendant neuf années rempli l'Europe. Avec lui s'éteindra son nom. L'Académie s'est sentie particulièrement heureuse de le récompenser. C'est une sorte de réparation *in extremis*[1] offerte en sa personne par la France à une famille qui a fourni aux anciennes passions religieuses une célèbre et bien malheureuse victime.

(SULLY-PRUDHOMME. — 1888.)

Soyez bons. Soyez frères.

(V. HUGO.)

[1] *In extremis*, à l'heure de la mort. Ici, réparation faite au moment où va disparaître le dernier membre de la famille.

UNE ÉCOLE D'AVEUGLES

Le bien seul qu'on fait demeure, et c'est par lui que la vie est quelque chose.

(J.-J. ROUSSEAU.)

MLLE Jeanne Schneider a fait une chose surprenante, inimaginable. Aveugle, elle a fondé et elle dirige une école d'aveugles. Ses ressources étaient des plus modiques, mais l'esprit de charité ne compte pas; il est par essence aventureux et *téméraire*[1]. Mlle Schneider recueillit d'abord, dans son asile des Charmettes, une dizaine de petits aveugles. Elle a maintenant soixante-sept pensionnaires, garçons et fillettes. Ils reçoivent l'instruction élémentaire. *Mlle Schneider s'efforce en outre de leur apprendre un métier qui les fera vivre plus tard* et qui, dès aujourd'hui, leur donne la consolation qu'ils peuvent faire quelque chose dans la vie. Comment Mlle Schneider parvient-elle à nourrir et à habiller tout ce petit monde? C'est le secret, c'est le miracle de la charité. Nous savons seulement que la vaillante jeune fille tient grande ouverte la porte de son asile, et qu'elle ne peut apprendre qu'il y a en quelque village, à vingt

[1] *Téméraire :* sa charité engage des dépenses supérieures aux ressources.

Cl. Braun, Clément et Cie.

DYCKMANS. — *Le mendiant aveugle.*

Regardez ce grand corps de vieillard, cette tête rejetée en arrière, dont le front et les paupières closes se lèvent vers la lumière à jamais disparue; et, par contraste, ce buste d'enfant penché en avant, ces yeux profonds où le malheur et la misère ont mis une gravité d'un autre âge...

lieues à la ronde, un enfant aveugle sans écrire aussitôt qu'on le lui amène.

(HENRY HOUSSAYE. — 1902.)

Les grandes pensées viennent du cœur.

(VAUVENARGUES.)

AUX BROTTEAUX

L'éducation peut transformer les natures les plus rebelles.

L'AMOUR de l'éducation du peuple est inné chez Mme Gros. A Condrieu, le souvenir de ses écoles du dimanche et surtout des promenades où elle menait ses élèves est resté comme une légende. En 1870, elle vient à Lyon, rêvant d'une œuvre qui eût certainement fait reculer un esprit moins décidé et une âme moins vigoureusement trempée. Elle s'établit dans la *sentine*[1] de Lyon, près des Brotteaux, au milieu des vagabonds que la cristallerie et les verreries de la

---

[1] *Sentine,* bas-fonds de la ville habités par des gens de mauvaises mœurs.

Guillotière attirent de ce côté. Le tableau de l'ignorance et de la méchanceté contre lesquelles elle eut à combattre fait véritablement frémir. Elle débuta dans la charité en achetant une petite fille que son père vendait pour boire. Ce misérable lui demanda cinquante francs : Mme Gros les donna. Ce qu'elle vit ensuite dans ce monde de précoces débauches dépasse toute créance. Trois fois des messieurs dévoués entreprirent de la seconder dans son œuvre ; trois fois ils reculèrent, révoltés par ce contact odieux. Elle s'est fait une famille de ces enfants sauvages et abandonnés. Elle ne doit se garder que de leurs démonstrations amicales, parfois trop vives, toujours respectueuses. Elle prétend que ces natures brutes ont un grand fonds de poésie naïve et qu'on s'empare aisément d'elles. Des figures laides, bestiales, grimaçantes, s'éclaircissent, s'embellissent peu à peu ; des êtres *sinistres*[1] deviennent gais, expansifs, polis même ; « enfin, dit Mme Gros, ils ont un charme original et un cachet qui n'appartient qu'à eux. »

Les batailles rangées dans les graviers du Rhône, et surtout les atroces cruautés qu'exerçaient les uns sur les autres les enfants de la cristallerie, ont été supprimées par Mme Gros. On ne se souvient pas qu'un seul de ses élèves, et elle en a eu par centaines, soit revenu au mal..

[1] *Êtres sinistres,* sombres et d'un aspect effrayant.

Ceux qui se marient envoient leurs frères à Mme Gros et se font les recruteurs de l'école.

(E. RENAN. — 1881.)

Nous ne valons que par l'intensité et par la durée de notre énergie morale.

(PAYOT.)

LES BRIGANDS DU DIMANCHE

Il n'y a personne qui n'ait en soi quelque chose de bon, qui peut devenir excellent s'il est cultivé.

(SAINT-EVREMOND.)

DEUX frères se relayaient pour venir à l'école à tour de rôle. Cela parut singulier à Mme Gros, qui en fit un jour l'observation à l'un d'eux. « Mon frère ne peut pas venir, lui répondit celui-ci; il est sur l'arbre. — Et que fait-il sur l'arbre? — Il attend que je lui porte mes souliers; je les lui porterai quand la leçon sera finie, et il entendra l'histoire. Dimanche ce sera son tour d'avoir la leçon, et moi j'aurai l'histoire. — Alors vous n'avez qu'une paire de souliers pour vous deux? — Eh oui! c'est pour cela que, quand il fait mouillé, nous nous tenons sur l'arbre, en attendant notre tour de venir à l'école. »

Un enfant était dans l'école un véritable fléau, par l'abus qu'il faisait de sa force sur ses camarades. Mme Gros lui fit promettre de ne se battre qu'une fois par jour, pour commencer. Trois semaines après, il ne se battait plus ; à tel point qu'ayant un jour reçu un soufflet, il sauta sur un bureau, et, trépignant, furibond, les yeux étincelants, il dit à celui qui l'avait frappé : « Tu as du bonheur que j'aie promis à la dame de ne plus me battre; sans cela, je t'aurais étranglé. »

... Mme Gros ayant été malade, un autre de ses élèves, Walch, faisait chaque dimanche quatre heures de route pour s'informer de sa santé!

Ce spectacle d'une terre avide de boire la rosée du bien et qui s'ouvre au premier doux rayon de soleil, cette charmante *inoculation du sens moral*[1], par un mot, par un regard, en de pauvres êtres qui n'ont pas eu de mère, qui n'ont jamais vu un œil bienveillant leur sourire, rappellent les miracles qui remplissent la vie de tous les grands maîtres de la vertu.

Mme Gros a l'instinct éducateur qui sait exprimer au peuple dans son langage les plus hauts sentiments.

Ce qu'elle a surtout, c'est le don d'amuser. Sa force est dans les histoires qu'elle raconte avec

---

[1] *Inoculation du sens moral*, action de faire naître ou de communiquer les bons sentiments, le désir du bien.

une connaissance achevée des moyens de toucher *la fibre*[1] populaire. Pendant que Mme Gros raconte ses histoires à ceux qu'elle appelle « ses brigands du dimanche », son auditoire est tout oreilles. Après une histoire sur l'assistance que l'on doit à ses parents, Michel renonce à l'ivrognerie pour construire une cabane à sa mère qui couchait sous une charrette. Aujourd'hui Michel est marié et presque dans l'aisance.

(E. Renan. — 1881.)

Et je sais que l'ébranlement
Qu'en battant pour le bien mon cœur ému fait naître,
Humble vibration du meilleur de mon être,
Se propage éternellement.

(Sully-Prudhomme, *La Justice.*)

---

[1] *Toucher la fibre populaire,* émouvoir le bon cœur des gens du peuple.

LE FACTEUR RURAL EN LOZÈRE

Souvent il y a plus de vie, plus d'énergie, de sagesse et de dévouement dans les hameaux silencieux de la montagne que sur les boulevards de la ville assourdissante.

(SOCIÉTÉ DE GÉOGRAPHIE.)

TRANSPORTONS-NOUS dans les montagnes de la Lozère. Nous voici à douze ou quinze cents mètres au-dessus du niveau de la mer. L'hiver est venu. Le haut Gévaudan est caché sous une couche de neige de plusieurs pieds d'épaisseur. Les populations vivent renfermées et attendent devant de grands feux de bois de sapin la fin des mauvais jours, en consommant quelques maigres provisions mises en réserve pendant la belle saison. Les diligences ne circulent plus. Parfois même la marche des trains de chemin de fer est arrêtée.

Une catégorie d'employés ne suspend jamais son service. Le facteur rural, de son pas calme et régulier, arpente chaque jour ce désert glacé. Il vient frapper à la porte de la famille barricadée contre le froid. Il remet au vieux père, sous l'enveloppe recommandée, les économies de la fille, engagée comme servante à la ville. Parfois il trouve sur sa route un voyageur en détresse et lui apporte un secours inespéré. Le 6 janvier 1895, sur les pentes d'Aubrac, dans l'arrondissement de Marvéjols, le facteur Théophile Boutevin découvre un paysan des environs, couché dans la neige. Le malheureux, épuisé de fatigue et transi de froid, ne cherchait plus même à lutter contre la mort. Boutevin le relève, le guide, le soutient et finit par le ramener chez lui, à quatorze cents mètres de là. Moins d'un mois après il sauve, dans les mêmes conditions, un autre cultivateur, en détresse à deux kilomètres de sa maison. A peu de jours de là, dans l'arrondissement de Mende, le facteur Chanial accomplissait un sauvetage encore plus émouvant. Le 13 février, alors qu'il était déjà fatigué par une longue marche, il aperçoit, perdus dans la neige, les époux Bournat, du village de Gourgous. Il charge la femme sur ses épaules, prend le mari par la main et traînant l'un, portant l'autre, près de tomber à chaque pas, finit par les mettre tous deux en sûreté, à dix-sept cents mètres du point où il les a rencontrés.

(Hervé. — 1895.)

Il se faut entr'aider : c'est la loi de nature.

(La Fontaine.)

DÉVOUEMENT AUX ENFANTS

L'existence est la chose du monde la plus frivole, si on ne la conçoit comme un grand et continuel devoir.

(RENAN.)

MLLE HOCART, de Levallois-Perret, s'est dévouée aux enfants avec passion. Sa jeunesse s'est écoulée dans la banlieue de Paris, et de bonne heure elle y a été témoin de tristes spectacles. Depuis un demi-siècle, de vastes percements ont transformé et assaini le centre de Paris, en y faisant pénétrer l'air et la lumière. Mais, par une sorte de *force centrifuge*[1], des vieux quartiers la misère a gagné les faubourgs, et des faubourgs la banlieue. Entre les fortifications et ces régions verdoyantes où les Parisiens aiment à passer leurs dimanches, s'étend une zone plate et empestée, crayeuse et hideuse, mal habitée et mal sûre, où le crime prend ses aises et où la misère s'étale, gagnant chaque jour du terrain comme une *plaie gangreneuse*[2]. Il serait temps que l'auto-

---

[1] *Force centrifuge*, force qui fait s'éloigner du centre.

[2] *Gangreneuse*, la gangrène ou décomposition des chairs, ou corruption des individus, s'étend sans cesse si l'on n'y porte remède.

rité publique y organisât ses forces, et que l'assistance publique y étendît ses secours. En attendant, la charité privée y est déjà à l'œuvre, et Mlle Hocart, sans être la seule, est au premier rang de celles qui s'y emploient. Elle n'a pu supporter de voir des enfants grouillant dans la poussière ou la boue, les uns abandonnés, les autres maltraités, les autres couverts de plaies. Elle en a recueilli un, puis deux, puis trois, puis dix, puis vingt. Aujourd'hui elle est à la tête d'une maison qui peut en contenir cinquante-deux; mais au début, quand on lui demandait de recevoir un enfant abandonné ou malade, elle ne s'inquiétait jamais de savoir s'il y avait de la place pour lui. Lorsqu'il n'y en avait pas, elle le faisait coucher dans son propre lit, fût-il atteint d'une maladie repoussante. Jamais non plus elle ne s'est inquiétée des ressources. Elle a toujours eu la confiance que la charité y pourvoirait, et la charité y a pourvu en effet. Ce qui l'a toujours préoccupée et la préoccupe encore aujourd'hui qu'elle est à la tête d'un orphelinat véritable, c'est de conserver à l'institution qu'elle dirige le caractère d'une maison de famille. Toutes les petites filles l'appellent « tante », son vénérable père « grand-papa », et se traitent entre elles de « cousines ». La « tante » n'abandonne jamais ses nièces. Elle les place. Elle les suit dans la vie aussi longtemps qu'elle le peut. Ces jeunes filles doivent à Mlle Hocart d'avoir échappé à la misère et à la corruption qui semblaient devoir être leur triste lot dans la vie.

(Comte d'Haussonville. — 1896.)

Une heure que l'on abandonne chaque jour à l'indolence féconderait la vie, si on l'employait à de bonnes œuvres.

(S. Smiles.)

L'AVEUGLE DE VACON

Vivre, c'est aimer, c'est admirer, c'est bien faire.

(E. Renan.)

Si nous allons jamais à Vacon (département de la Meuse), nous y rencontrerons un aveugle dont tout le monde nous parlera, et qui exerce sur tout ce qui l'entoure un ascendant comparable à celui d'un *patriarche*[1] sur sa famille. C'est un ancien ouvrier métallurgiste, *un tréfileur*[2], Emmanuel Gremillet, à qui son travail dans les usines avait brûlé les yeux. Ayant entiè-

[1] *Patriarche*, chef respecté d'une nombreuse famille, chez les Hébreux.

[2] *Tréfileur*, ouvrier chargé de passer le fer, le cuivre... dans la filière, machine à étirer les métaux en fils.

rement perdu la vue à l'âge de trente-sept ans, il se retira avec sa femme et ses deux enfants dans le village où il avait passé sa première jeunesse; et cet homme, qui n'y voit plus, parvint à gagner sa vie en fabriquant des ouvrages de fil de fer : paniers, coupes, corbeilles, croix, flambeaux, qui font, paraît-il, autant d'honneur à son goût qu'à la merveilleuse dextérité de ses doigts. Dans ses moments perdus, il compose des vers et des récits que tout Vacon veut entendre. Il n'est point de fêtes de famille, point de noces où il ne soit prié. Dès qu'il sort de chez lui, les enfants l'accompagnent en troupe, se disputent la gloire de lui donner la main pour le conduire.

Quand les jeunes filles, presque toutes brodeuses, se rassemblent pour travailler en commun, soit autour d'un grand feu, soit au bord d'un ruisseau qui court au milieu de la rue du village, il s'en trouve toujours une pour aller chercher Gremillet. Le dimanche, les garçons viennent le relancer chez lui, et, s'il fait beau, ils l'emmènent dans la forêt, et tous lui disent : « Racontez-nous une de ces histoires que vous contez si bien. »

Pour Gremillet, poète et conteur, la morale est l'essentiel. Il désire qu'en l'écoutant les jeunes filles deviennent plus modestes et moins coquettes, les jeunes gens plus réglés dans leur conduite, que tous apprennent à aimer la France comme elle mérite d'être aimée. L'autorité dont jouit le vieil aveugle est vraiment singulière. Il s'est

(L'Aveugle de Vacon.)

Cl. Braun, Clément et Cie.

RUYSDAEL. — *Le moulin.*

Près de la rivière aux eaux lentes, qui bercent une voile blanche, au sommet du coteau ombragé, le moulin lève dans le ciel ses grands bras.

attiré tant de respect par la droiture, par l'*intégrité de son caractère*[1] que dans les discussions d'intérêts, on le prend presque toujours pour arbitre et que ses jugements sont sans appel. On assure que depuis vingt-cinq ans qu'il est rentré dans son village, les mœurs sont plus douces, les ménages plus unis, les querelles et les procès infiniment rares. Ceci ressemble à un conte de fées. J'en conclus que si *les vilaines histoires ne sont quelquefois qu'à moitié vraies, les contes de fées ne sont pas toujours des mensonges.*

(V. CHERBULIEZ. — 1891.)

Faites-vous aimer! Voilà un principe de conduite très sûr. Pour être aimés, il faut que nous soyons excellents, que nous réunissions en nous les vertus sociales et les vertus privées.

(ROUSSEL-DESPIERRES.)

[1] *Intégrité de caractère*, très ferme probité qui, dans les questions d'intérêt, ne cède à aucune sollicitation étrangère à la justice.

UN HÉROS DE QUINZE ANS

L'homme est né pour être un homme, à ses risques et périls... Il faut donc aller à la vie comme on va au feu, bravement, sans se demander comment on en reviendra.

(BERSOT.)

JEAN-BAPTISTE Jupille, de Villers-Farlay (Jura), est berger. Pendant qu'il gardait son troupeau, des enfants qui jouaient auprès de lui ont été attaqués par un chien enragé. Il se jeta devant eux pour les défendre; à coups de fouet il voulut chasser l'animal furieux, qui se précipita sur lui, le poil hérissé, la bave à la gueule, et lui saisit la main gauche, qu'il déchira sous ses crocs. Sanglant et *lacéré*[1], le brave garçon n'eut même pas la pensée de fuir; il fit face à la bête féroce que la rage semblait rendre invincible, et lutta contre elle. De la main droite il ouvrit la gueule écumante, en dégagea sa main gauche, reçut encore plusieurs morsures, et, *avec cette rapidité de décision que donne le sang-froid du vrai courage*, il lia le museau du chien à l'aide de la lanière de son fouet; puis il l'assomma à coups de sabot. Le chien était de forte taille, et le sabot aussi. Le

[1] *Lacéré*, la chair déchirée.

chien était mort, les enfants étaient sauvés, mais Jupille était couvert de morsures.

Il n'était pas seulement blessé, il était empoisonné par le *virus rabique*[1] et destiné à expirer dans d'horribles souffrances. On l'amena à Paris. Vous savez à quelle science il fut confié, et vous connaissez le résultat du traitement sans précédent qui a triomphé d'un mal jusqu'alors incurable.

(M. Du Camp. — 1885.)

La parfaite valeur est de faire sans témoin ce qu'on serait capable de faire devant tout le monde.

(La Rochefoucauld.)

UN MATELOT DOUANIER

Chaque sexe a les qualités de son tempérament. Aux femmes, les vertus douces et *sédentaires*[2]; aux hommes, les vertus actives et plus rudes.

(Éd. Pailleron.)

Julien Durand, de Saint-Malo, a toutes les vertus de son sexe. Il a été un fils tendre, un frère dévoué, un père incomparable; il a recueilli

---

[1] *Virus rabique*, germe ou cause de la rage.
[2] *Sédentaires*, vertus des personnes qui restent au foyer.

et soutenu ses parents infirmes ; il a élevé dix frères et sœurs et huit enfants dont il a placé les survivants dans des positions bien supérieures à la sienne. *Pauvre, il fait l'aumône aux pauvres ;* si elle n'est pas suffisante, il quête pour eux, et si ce n'est pas encore assez, après être resté en mer pendant la nuit, il fait, pendant le jour, des heures supplémentaires de travail à leur bénéfice. Il a la médaille de Crimée, vingt-quatre ans de services comme matelot de la Douane, quatre ans comme marin de l'État. Il a fait vingt sauvetages de toutes sortes, d'hommes et de navires. Il a même arrêté des chevaux emportés. Il a éteint des incendies, il a retiré des gens du feu, il en a retiré de l'eau, un entre autres, un *délinquant* [1] qui, en se sauvant, était tombé à la mer, et qu'il a, le sauvetage opéré, remis fidèlement aux gendarmes.

L'Académie a donné un prix de mille francs à cet *homme brave* [2] et à ce *brave homme* [3].

(Éd. Pailleron. — 1884.)

La vie n'est pas un plaisir ni une douleur, mais une affaire grave dont nous sommes chargés et qu'il faut terminer à notre honneur.

(A. de Tocqueville.)

---

1 *Délinquant*, voir page 138.

2 *Homme brave*, très courageux.

3 *Brave homme*, digne d'estime par son honnêteté et sa bonté.

UN CONCIERGE

Les scènes de la vie familière, au xxe siècle, peuvent contenir autant de poésie et d'émotion que les plus surprenantes aventures, et même une poésie plus profonde, une émotion plus intense.

(M. Bouchor.)

Jean-Baptiste Lebacheley est un ancien militaire, tailleur de son état. Il a été concierge pendant vingt ans, à Paris, et, pendant tout ce temps, il a donné l'exemple d'une probité, d'un désintéressement, d'une charité, d'un dévouement, d'une délicatesse rares partout, même dans l'emploi qu'il exerce.

Un jour, le propriétaire de l'immeuble tombe malade et meurt, sans qu'on ait le temps de prévenir sa famille. Lebacheley, qui l'avait seul assisté pendant sa courte maladie, avertit le commissaire de police et lui remet les clefs d'un secrétaire qu'il savait contenir vingt-cinq mille francs. Voilà pour la probité.

Les héritiers arrivent de province, recueillent la succession et lui donnent quinze francs. Voilà pour le désintéressement.

Dans une mansarde de la même maison, une pauvre femme vivait avec sa petite-fille. Quand je dis qu'elle vivait, elle se mourait, elle était *phtisique*[1] et hors d'état de travailler. Lebacheley et sa digne femme prirent soin de cette malheureuse famille. Pendant deux ans et demi, ils travaillèrent nuit et jour pour prolonger la vie de la mère, et, quand elle mourut, ils adoptèrent l'enfant. Voilà pour la charité.

Ajoutons qu'ils avaient, sou par sou, amassé la somme nécessaire pour payer le médecin. Voilà pour la délicatesse. Mais le médecin, un brave cœur lui aussi, refusa d'être payé. Je vous dis que tout dans cette histoire est extraordinaire.

Toujours dans la même maison, un autre locataire, un Mexicain, un étudiant sans aucunes ressources, fut atteint d'une *péritonite*[2] très grave. Les époux Lebacheley ne voulurent pas qu'on le conduisît à l'hôpital; ils se chargèrent de lui, et *pendant trois mois, heure par heure, ils lui prodiguèrent les soins les plus minutieux.* Grâce à eux, le malade, guéri, put regagner son pays. Il partit, couvert des habits que Lebacheley, qui le soignait en prenant sur ses nuits, lui avait gratuitement confectionnés en prenant sur ses journées. Nous continuons, n'est-ce pas? à vivre en pleine fable.

Il est vrai que, jamais plus, on n'entendit parler

---

[1] *Phtisique*, atteinte d'une maladie des poumons très grave et contagieuse.

[2] *Péritonite*, inflammation du péritoine ou membrane qui enveloppe les intestins.

du Mexicain!... Cette fois, nous rentrons dans la réalité.

(ÉD. PAILLERON. — 1884.)

Ce qui importe dans le sacrifice, c'est le sacrifice même. Si l'objet pour lequel on se dévoue était une illusion, le dévouement n'en serait pas moins une réalité.

(A. FRANCE.)

UNE MAITRESSE DE PENSION

Les petites vertus n'éblouissent pas; mais elles embaument: ce sont les violettes de l'âme.

(P.-J. STAHL.)

MALGRÉ sa pauvreté, c'est une heureuse personne que Mlle Alizon, de Commercy. Elle a soixante-quinze ans; et depuis cinquante-trois ans, elle est maîtresse de pension. Depuis cinquante-trois ans, sous son gouvernement *tutélaire*[1], les générations se sont succédé tour à tour. Les mères ont remplacé les aïeules, et aujourd'hui les petites filles viennent s'asseoir, dans sa

[1] *Tutélaire*, tendrement protecteur.

classe, au pupitre qu'occupaient jadis leurs grand'-mères.

Si Mlle Alizon avait seulement laissé faire la fortune, elle serait riche... Elle est pauvre! Et c'est la meilleure des leçons qu'elle ait jamais données à ses élèves.

Les connaissances variées et solides, la sûreté de son enseignement et la justesse de son esprit, tout cela n'est rien auprès de sa merveilleuse bonté. *Son temps et son savoir appartiennent aux ignorants; son argent appartient aux pauvres.*

Souvent, dans cette maison discrète, on voit entrer quelque petite fille que personne ne connaît, que personne n'y a conduite par la main, que personne n'y vient jamais visiter. Elle a pris sa place dans la classe, au milieu de ses heureuses compagnes; traitée comme elles, aimée comme elles, gâtée comme elles, comme elles buvant à cette source salutaire de science et de sagesse qui assainit les âmes et les cœurs. L'enfant reste là pendant des années. Elle en sort jeune femme pour entrer dans une famille nouvelle, ou pour répandre dans une école les bienfaits qu'elle a reçus. D'où venait-elle? quelle main mystérieuse a payé la pension de cette inconnue? qui a nourri, formé, sauvé peut-être ce corps et cette âme en détresse? Seule Mlle Alizon le sait; mais elle n'aurait garde de le dire; et ce sont les enfants ainsi recueillies par elle qui, dans l'élan de leur gratitude, viennent elles-mêmes faire connaître leur bienfaitrice. Elles l'appellent *notre mère.* Il en est qui, dans leur *emphase*[1] naïve, parlent de sa gloire... Pourquoi pas? gloire modeste et discrète, qui n'a rien à craindre des retours de la fortune, et que la reconnaissance publique a pour jamais consacrée.

Mlle Alizon n'est pas seulement une institutrice incomparable; elle est l'amie, le conseil prudent de toutes les familles, la confidente de tous les secrets, l'*arbitre*[2] de toutes les querelles.

Il y a de ces êtres bénis qui, par un charme inconnu, attirent à eux tous les cœurs.

(ROUSSE. — 1883.)

UN INTRÉPIDE MONTAGNARD

La vie demande du courage. Nul n'est à l'abri des accidents et des maladies... Est courageux celui qui a la volonté non seulement de braver le danger, mais de supporter la fatigue, la faim, le froid, la chaleur, les incommodités inévitables.

(J. PAYOT.)

COMME *la mer, la montagne a ses tempêtes et ses naufrages.* Comme la mer, elle a ses

---

[1] *Emphase*, exagération due ici à l'admiration.

[2] *Arbitre*, personne en qui on a toute confiance, choisie comme juge dans les querelles ou contestations.

navigateurs et ses pilotes. Qui de nous ne connaît ces braves guides des Alpes et des Pyrénées, avec leur air endormi qui cache une décision si rapide et un si alerte courage; avec leur grand pas tranquille et lourd qui va si vite et vous distance de si loin? Quels bons compagnons! quels amis prudents et solides! Quand leur large pied se pose en travers de la neige pour vous attendre ou vous retenir, on dirait une pierre de la montagne, un bloc de granit arrêté là par les siècles...

Brau-Nogué habite *Campan*[1], et il a le rang de guide-chef. Il est père de famille; il cultive son champ de maïs au bord du Gave. Mais la montagne est son vrai domaine, plus *chanceux*[2] et plus vaste. De Bigorre à Luchon, de Barèges à Gabas, il connaît tous les sentiers et tous les passages.

Le général *de Nansouty*[3], dans l'*aire scientifique*[4] qu'il a plantée hardiment sur le pic du Midi, l'a eu depuis quatre ans pour compagnon fidèle; et c'est encore à son dévouement que, l'année dernière, il confiait une mission pleine de dangers.

Il s'agissait de *ravitailler*[5] deux astronomes que l'on envoyait de Paris pour attendre au Pic le pas-

---

[1] *Campan, Luchon, Barèges, Gabas*, villes ou villages des hautes vallées des Pyrénées.

[2] *Chanceux*, qui l'expose à toutes sortes de dangers.

[3] *De Nansouty*, général et météorologiste français, fondateur de l'Observatoire du pic du Midi.

[4] *Aire scientifique*, l'Observatoire. Construit pour observer les astres ou les phénomènes de l'atmosphère (pluie, vent, tonnerre...).

[5] *Ravitailler*, porter des vivres.

sage de *Vénus*[1]. Les yeux au ciel, sans trop regarder à leurs pieds et sans emporter de vivres, les braves savants étaient partis le 29 novembre, d'un pas léger, croyant atteindre dès le soir l'observatoire du général. Mais ils avaient compté sans les caprices du vent. Accueillis par une tempête, ils avaient été forcés de s'arrêter, à jeun, dans un ancien refuge abandonné.

Avisé de leur détresse, le général de Nansouty leur expédia un convoi escorté par six montagnards, et commandé par Brau-Nogué.

Tout alla bien, le soir, pour monter au refuge; mais lorsque, le matin, il fallut descendre, à peine partie, cette petite troupe de braves gens fut assaillie par une épouvantable tourmente. A travers les tourbillons qui les aveuglent, un colosse de neige se détache d'une cime, bondit, se brise en poussière et les engloutit.

A force de sang-froid et d'adresse, Brau se dégage le premier de ce linceul. A demi étouffé, il se secoue et s'oriente. Sur ce désert de neige, il aperçoit un point noir. C'est le pied d'un de ses hommes qui s'agite convulsivement. On ne marche pas sur ces vagues. Brau plonge dans l'avalanche; il y nage à corps perdu. Il fouille et creuse jusqu'à ce qu'il ait trouvé sa proie. Quand le trou est fait, l'homme se débat et se relève;

---

[1] *Vénus*, la plus brillante des planètes ou astres qui, comme la terre, reçoivent la lumière du soleil.

c'est Laurent, un ancien soldat. A eux deux, ils se remettent à l'œuvre.

Plus bas, à deux mètres de profondeur, ils découvrent un autre de leurs compagnons, blessé, suffoqué, évanoui. *Ils l'exhument*[1]; ils le raniment un peu, l'adossent à un rocher et le couvrent avec leurs grosses vestes de bure. Puis ils cherchent encore. Au bout d'une demi-heure, voici une grande tache de sang qui a troué la neige. Au-dessous, un corps mutilé; l'homme est mort. Quant aux deux autres, tout espoir est perdu. Le temps marche, et il faut partir. Mais le blessé?... Brau et Laurent le chargent sur leurs épaules. A travers les paquets de neige qui les meurtrissent, ils le portent jusqu'au refuge; et, après un instant de repos, tous deux repartent pour arriver avant le soir dans la vallée et pour y demander du secours.

(ROUSSE. — 1883.)

La vertu est si difficile, qu'en toutes choses elle se montre souvent comme le suprême effort de l'homme : c'est la force par excellence.

(LACORDAIRE.)

---

[1] *Ils l'exhument*, ils le sortent de la neige où il était comme enseveli.

LE MAITRE D'ÉTUDES

La plus noble question du monde est celle-ci : « Quel bien puis-je faire ici ? »

(FRANKLIN.)

IL s'agit de deux personnes pauvres, découragées, abattues par une longue suite de revers, qu'une autre personne, pauvre aussi, mais pleine d'une foi *juvénile*[1], assiste pendant plusieurs années. Écoutez cette aventure singulière. Deux vieillards clopin-clopant se sont retirés à Vendôme. L'homme a soixante ans, la femme le suit de près. Oh ! la vie leur a été dure. Dans tout ce qu'ils ont tenté, ils ont laissé une part de leur petit avoir. M. Néra, c'est le nom du mari, est un ancien soldat des dernières guerres du premier Empire, qui a essayé de fonder une petite pension à Paris. Il a son brevet, il a le goût de l'étude et de l'enseignement ; Mme Néra n'est pas seulement une bonne et active ménagère, c'est une personne instruite qui sera pour son mari un auxiliaire dévoué. Hélas ! le zèle tout seul ne suffit pas toujours aux plus méritants, il faut un peu de bonheur. Déçus dans leur première tentative, les

[1] *Juvénile*, qui a l'ardeur de la jeunesse.

deux époux tiennent école à Paris pour les enfants du peuple et ne réussissent pas davantage. Seront-ils plus heureux à Vendôme? Pauvres gens! le même *guignon*[1] les y poursuit. Or, en 1851, après plus de vingt années d'efforts et de sacrifices, ils étaient là bien tristes, bien abattus, quand arrive au lycée de Vendôme un maître d'études nommé Louis Bellanger. Vous avez lu les vers qu'un grand poète a consacrés au maître d'études. Vous vous rappelez les recommandations qu'il adresse à l'enfance moqueuse, à l'âge turbulent et sans pitié : « Ne le tourmentez pas, il souffre. Soyez doux, soyez bons. » — Et Victor Hugo ajoute :

Ce pauvre être qui rêve, accoudé sur sa chaise,
Peut-être a des parents qu'il soutient en secret,
Et fait de ses labeurs, de sa faim, de ses veilles,
Des siècles dont sa voix vous traduit les merveilles,
Et de cette sueur qui coule sur sa chair,
Des rubans au printemps, un peu de feu l'hiver,
Pour quelque jeune sœur ou pour sa vieille mère.

(SAINT-RENÉ-TAILLANDIER. — 1878.)

(*A suivre.*)

[1] *Guignon*, mauvaise chance.

LE MAITRE D'ÉTUDES (SUITE)

Ces vers pleins de cœur ne donnent pas encore l'idée complète de ce qu'a fait le bon maître d'études du lycée de Vendôme. Louis Bellanger ne travaille pas seulement pour une vieille mère, pour une jeune sœur; il est l'aîné d'une famille de neuf enfants qui vit péniblement à Mayenne et qu'il est chargé de secourir. Quand il est nommé maître d'études au lycée de Vendôme, il a une trentaine d'années. Voilà déjà longtemps qu'il est accoutumé à se priver, à s'oublier lui-même pour les autres. Il a besoin d'aimer. Les vieux époux que poursuit la rigueur du sort deviennent immédiatement ses amis. La charité est si prompte dans les nobles âmes qu'a façonnées la souffrance!

D'abord, faute d'argent, c'est de sa personne qu'il soutiendra ses amis. Il a des heures de repos, des jours de congé; il les consacre à M. et Mme Néra, tantôt s'associant à leur travail, les aidant à organiser leur école, tantôt les conduisant à Paris et les protégeant de son mieux, quand ils essayent une dernière fois d'y trouver un plus heureux emploi de leur activité. Peine perdue, hélas! il faut revenir au *gîte*[1]. Louis Bellanger est toujours là; c'est désormais leur unique ressource et leur suprême espérance. De simple

---

[1] *Le gîte*, la vieille maison de Vendôme.

maître d'études, il vient d'être nommé maître élémentaire; nourri et logé au lycée, il a maintenant un traitement de cent francs par mois. La somme est bien modeste; il en fait deux parts, l'une pour sa famille de Mayenne, l'autre pour ses menues dépenses et ses plaisirs personnels. Le premier, ou plutôt le seul de ces plaisirs, c'est de secourir ses vieux amis. Bientôt la condition des maîtres élémentaires est changée : ils ne sont plus ni logés ni nourris et reçoivent par compensation un traitement de deux mille francs. Louis Bellanger s'arrange aussitôt pour habiter et prendre ses repas avec les époux Néra, se chargeant à lui seul des frais du ménage.

Il y a vingt-cinq ans que l'humble maître du lycée de Vendôme donne l'exemple d'une si délicate et si bienfaisante amitié.

De tels maîtres sont l'honneur de l'instruction publique autant que les princes du savoir et de la parole; en bas comme en haut, et quel que soit le titre, on n'enseigne pas seulement par la doctrine[1]*, on enseigne par l'action et par l'exemple.*

(SAINT-RENÉ-TAILLANDIER. — 1878.)

L'homme supérieur regarde tous les hommes comme ses frères. Je voudrais procurer aux vieillards un doux repos, aux amis conserver une fidélité constante, aux femmes et aux enfants donner des soins tout maternels.

(CONFUCIUS.)

[1] *Par la doctrine*, par la parole, les leçons savantes.

ASILE POUR VIEILLARDS

ET INFIRMES

La seule chose qui trouve sa satisfaction et sa récompense, c'est le dévouement.

(FUSTEL DE COULANGES.)

MARIETTE Favre, après avoir servi comme domestique pendant vingt ans, reprit sa liberté vers la quarantaine, dans le but bien arrêté *de consacrer à des vieillards sans foyer ses petites économies et le reste de ses forces épuisées.* Sa première recrue fut une vieille mendiante aveugle, avec qui elle partagea son unique chambre; une vieille *paralytique*[1] ne tarda point à venir s'installer en troisième dans le singulier ménage; puis naturellement, la porte étant ouverte, il en arriva d'autres, toujours d'autres... Et aujourd'hui plus de cinquante débris humains sont groupés autour de Mariette Favre, logés dans des bâtiments qu'elle a fait construire avec le fruit de ses quêtes, nourris, chauffés comme par miracle, on ne sait plus avec quel argent. En admirant tout cela, on doit renoncer à comprendre. Et il faut être *l'ange de patience, d'ingé-*

[1] *Paralytique,* qui ne peut se mouvoir et surtout marcher.

niosité et de douceur qu'est cette fille, pour gouverner si discordante république[1], car ces pensionnaires ont été ramassés Dieu sait où; en arrivant là, les « bons petits vieux », — c'est ainsi qu'on les nomme, — sont pour la plupart insupportables, et, quant aux « bonnes petites vieilles », inutile de dire que ce sont des pestes. Eh bien! la communauté marche à souhait quand même. Au milieu de tout ce monde, la chère vieille fille, coiffée toujours de son vénérable bonnet blanc d'ancienne servante, évolue en souriant, aimable, enjouée; elle calme les uns, elle amuse les autres. Tout en pansant des plaies, en lavant des mains sales, en chassant la *vermine*[2] des lamentables chevelures, elle ramène la bonne humeur chez les *hargneux*[3] *et les sombres.*

---

[1] *Discordante république*, groupement de gens qui ne pourront guère s'entendre ou s'accorder.

[2] *Vermine*, insectes parasites.

[3] *Hargneux*, de mauvaise humeur, portés à gronder, à tourmenter les autres.

AIDE MUTUELLE

ENTRE BONS PETITS VIEUX

Aidons-nous mutuellement :
La charge de nos maux en sera plus légère.
(FLORIAN.)

Et puis, sous ses ordres, *tout le monde, suivant ses moyens, concourt au bien-être d'autrui.* Tel bon petit vieux qui a les pieds encore solides, mais qui est aveugle, va promener au soleil sur son dos telle bonne petite vieille dont l'œil est resté vif, mais qui n'a plus de jambes. Quant au travail, il est réparti, d'une façon merveilleusement entendue, entre chacun, suivant les *facultés*[1] qu'il conserve ; ceux-ci labourent le jardin aux légumes, ceux-là coupent le bois ou bien mettent des pièces aux souliers qui s'usent ; et des grand'-mères paralytiques, dont les doigts sont restés agiles, tricotent jusqu'au soir, sur leur lit, des chaussettes ou des jupons. Il y a certainement des jours d'inquiétudes dans le *phalanstère*[2], c'est quand le pain va manquer ; ou bien c'est, par les

[1] *Facultés*, forces ou aptitudes physiques et morales, moyens de travail.

[2] *Phalanstère*, association composée de travailleurs qui vivent en commun.

temps de gelée, quand s'épuise la réserve de charbon. Mais la sainte, alors, prend sa robe des dimanches avec son bonnet le plus blanc, pour s'en aller tendre la main chez les riches, — et chaque fois l'on s'en tire. Oh! il y a aussi les jours de *liesse*[1]; il arrive que de bonnes âmes, à l'occasion de certaines fêtes, envoient quelques friandises, des poulets ou du bon vin; ces jours-là, on s'assemble pour des repas qui ont la naïve gaieté des dînettes d'enfants, et, au dessert, les bons petits vieux se mettent en frais d'innocentes galanteries, pour les bonnes petites vieilles qui leur chantent des chansons.

Il y a une délicatesse exquise à apporter ainsi, non seulement un peu de bien-être ou de moindre souffrance, mais encore un peu de joie et de sourire à ces *décrépitudes*[2], à ces *lentes agonies*[3] qui semblaient vouées à l'horreur du délaissement et du froid, sur des *grabats*[4] solitaires. D'ailleurs, les *bonnes magiciennes*[5] en cheveux gris ou en bonnet de linge, qui président à ces choses, paraissent elles-mêmes toujours gaies et doivent posséder certainement une paix et un bonheur

---

[1] *Liesse*, grande joie à l'occasion d'une fête.

[2] *Décrépitudes*, extrême vieillesse où l'on est courbé, cassé par l'âge. Ici, personnes décrépites.

[3] *Lentes agonies*, longues luttes contre la mort. Ici, vieillards qui s'en vont lentement.

[4] *Grabats*, mauvais lits des indigents.

[5] *Magiciennes*, ces bienfaitrices qui, par la bonté, ont eu le pouvoir extraordinaire de changer de misérables fins en heureuses vieillesses.

déjà ultra-terrestres que nous ne saurions comprendre.

(P. Loti. — 1898.)

On a toujours sa part du bonheur que l'on donne.

JEAN-RENÉ MORVAN

UN HOMME

Dans la personne de Jean-René Morvan, patron des douanes, en retraite au *Conquet*[1], nous avons à saluer un vrai *type de la vertu*[2]. Il n'a qu'une modeste pension, il est père de six enfants, il assiste ses beaux-parents; et ses exploits de sauveteur lui ont valu la gloire dans les annales bretonnes. Il ne veut compter que vingt-neuf personnes restées vivantes grâce à son courage. Deux d'entre elles, en effet, sont les mêmes à lui avoir été, en deux circonstances, redevables de la vie. Pour ne contredire ni lui-même, ni la vérité, disons qu'au péril de son existence il a sauvé celle de ses semblables trente et une fois.

---

[1] *Le Conquet*, petite ville à l'extrémité de la rade de Brest.
[2] *Type de la vertu*, modèle de bonté et de force héroïque.

En 1884, un *sloop*[1], pris par le flux, menace de sombrer contre le pont d'*Audierne*[2] où il cogne. Son mât est cassé. Il y a cinquante personnes à terre qui regardent ; mais nul ne s'avise du moyen de secourir l'équipage ; on ne le peut sans risquer de n'en pas revenir. Jean-René accourt. Il enjambe le *parapet*[3], descend par l'extrémité du mât qui, tressaillant et couché, ne tient plus au navire que par des cordages. Par une manœuvre qui s'appelle faire allonger un *grelin*[4], Morvan opère le sauvetage, corps et biens.

Trois semaines plus tard, il repêche un homme que l'ivresse a fait tomber dans le port. Le mois suivant, il plonge tout habillé, avec son sabre, et ramène à nouveau un homme ivre. A quelque temps de là, il saute du bout d'une jetée et rapporte encore quelqu'un également ivre. Ce n'est pas fini : Un pilote et un marin conduisent un passager d'une rive à l'autre, reçoivent un pourboire[5], interprètent la locution au *pied de la lettre;* et au retour, dans leur inconscience, ils chavirent sur la rivière. Mais le dieu sur lequel ils étaient en droit de compter s'incarna une fois de plus en Jean-René et les sauva.

Il y a treize ans, à *Loctudy*[6], trois enfants

[1] *Sloop*, voir page 151.
[2] *Audierne*, petit port du Finistère.
[3] *Parapet*, voir page 150.
[4] *Grelin*, petit câble, souvent formé de fils de fer.
[5] *Pourboire*, petite somme donnée en sus du prix convenu, trop souvent dépensée pour boire.
[6] *Loctudy*, petite localité au sud de la baie d'Audierne.

s'aventurent en *périssoire*[1]. Un courant les entraîne vers le large. Ils se jugent perdus. Leurs clameurs ont attiré du monde sur la plage; et les spectateurs ne savent que pousser ce cri d'un altruisme si ingénu sur la lèvre des hommes : « *Il faudrait un homme!...* » En voici un : Jean-René Morvan. Il se jette à la mer. Par de vigoureuses brassées, il atteint jusque vers les petits. Mais pour que le survenant monte avec eux, l'embarcation est trop frêle. Que faire? Le sauveteur saisit entre ses dents le bout d'*amarre*[2] qui pend de l'esquif. Et *remorquant*[3] malgré le flot contraire, toujours nageant, pendant des centaines de mètres, il *cingle*[4] droit vers la côte, le *col*[5] cambré sur les vagues, le front haut. On nous a conservé, après trois mille ans, le renom d'un *loup de mer* qui aurait eu pareille mâchoire dans la baie de Marathon[6].

(P. HERVIEU. — 1904.)

Nous voici en face de la qualité la plus élevée, de la force des forces : le courage, la décision, le sang-froid dans les dangers. Il n'y a rien de plus beau.

(C. WAGNER.)

[1] *Périssoire,* canot très léger facile à manœuvrer.
[2] *Amarre,* câble pour attacher une barque au rivage.
[3] *Remorquer,* tirer en traînant derrière soi.
[4] *Cingler,* se diriger résolument vers.
[5] *Le col cambré,* la tête redressée et le cou arqué.
[6] *Loup de mer, — Marathon,* victoire des Grecs sur les Perses. On conte que l'Athénien Cynégire aurait, le poignet coupé, saisi et retenu avec ses dents une barque des vaincus.

JEAN-RENÉ MORVAN (SUITE)

LE CRANE D'UN CHEF

Un dernier trait : Par un matin de beau temps, tous les bateaux de pêche sont sortis du port où Morvan est sous-brigadier des douanes. Cela fait six cents hommes qui sont là-bas à lever leurs filets. Toutefois, la mer s'est mise à grossir. Des vieux, sur le rivage, se communiquent bientôt l'impression que depuis longtemps on ne l'a pas vue *déferler*[1] avec tant de furie. Il y a un *mascaret*[2] qui va rendre bien dangereux le retour des barques. Vers deux heures de l'après-midi, on songe à mettre à l'eau le canot de sauvetage. Mais par qui le faire monter? Son équipage régulier est en mer, dans le nombre des pêcheurs : ce sont les sauveteurs eux-mêmes qui auraient besoin d'être sauvés. On fait appel à des volontaires, et on en trouve sept. Cependant, aucun d'eux n'a le *crâne d'un chef*. Le commandement est offert à Morvan. Vous pensez bien qu'il accepte aussitôt. Le voilà parti! Et déjà il n'apparaît plus que par intervalles dans les *embruns*[3], sous

[1] *Déferler*, voir page 182.

[2] *Mascaret*, masse d'eau soulevée par la rencontre de la marée montante et des eaux des fleuves ou des rivières côtières.

[3] *Embruns*, voir page 193.

les panaches d'écume. Pendant cinq heures le canot qui lui obéissait resta sur la *barre*[1], chevauchant les lames, prêt à bondir à gauche, à droite, au secours des premiers qui feraient naufrage. Cette présence empêchait que l'angoisse de six cents êtres humains devînt de la folie, alors qu'à demi déshabillés, ils étaient prêts, dans cette perdition, à sauter de leurs bords pour se battre tout de suite corps à corps avec l'eau. Jean-René Morvan n'eut personne à sauver ce jour-là; mais on peut affirmer que, moralement, il y sauva une flotte et qu'habitué à voir la mort, il ne l'a pourtant jamais dévisagée de plus près.

(P. Hervieu. — 1904.)

Nous devons une gratitude profonde à ceux qui nous donnent l'exemple du courage : leurs efforts soutiennent les nôtres.

[1] *Barre*, la crête des eaux soulevées.

LES ŒUVRES DE MER

C'est un des plus doux mots qu'aient inventés [les hommes,
Fraternité...

(J. AICARD.)

Il est une forme de vertu que l'esprit d'association développe chaque année davantage, et que l'on peut appeler *la vertu collective. La bienfaisance pratiquée en commun n'est pas moins méritoire que l'autre et, s'exerçant sur un terrain plus vaste, est plus féconde en résultats.* C'est donc avec raison que l'Académie réserve ses plus hautes récompenses aux groupements *spontanés*[1] qui, sous des noms variés, avec des tendances différentes, sont unis par la charité et l'amour du prochain, et constituent les divers bataillons de l'intrépide armée du bien.

Une somme de huit mille francs va aux *Œuvres de mer,* dont le titre, un peu large, ne s'applique, en réalité, qu'à l'assistance donnée aux pêcheurs d'Islande et de Terre-Neuve. Quinze mille hommes chaque année, rudes matelots de Bretagne ou de Normandie, passent six mois dans ces mers lointaines. Ce qu'est leur existence pendant ce long exil, on ose à peine l'imaginer. Mal nourris,

[1] *Spontanés,* qui se sont formés d'eux-mêmes, sans ordres ni concours étrangers.

entassés dans des cabines étroites, tour à tour trempés par les lames et coupés par la bise glacée, sans nouvelles, sans secours, sans consolations d'aucun genre, — sauf celles que procure l'alcool, — « à ce métier, disait l'un deux, on devient vite des bêtes sauvages. » En cas de maladie ou, chose plus fréquente, de blessure, la nature seule agit; les soins, il n'y faut point compter. Le coffre à médicaments, souvent à peu près vide, est relégué parmi les détritus, dans des coins innommables ; il sert, dans certaines barques, de couchette pour le chien. Comme médecin, le patron du bord, dont on devine la compétence. On a découvert récemment, sur l'un de ces bateaux, un malheureux *typhique*[1], consumé par une fièvre de quarante et un degrés, et qui continuait sa besogne. Porté à bord du navire-hôpital, il pleura de bonheur à se sentir dans un lit aux draps blancs; c'était la première fois qu'il quittait ses vêtements depuis son départ de France.

Ce navire-hôpital, c'est la création essentielle de l'œuvre dont je parle, et comme sa première raison d'être. Un navire de six cents tonneaux, le *Saint-François-d'Assise*, avec médecin, sœurs infirmières, aumônier, secours de tous genres, sillonne continuellement, pendant toute la saison de pêche, les mers d'Islande et de Terre-Neuve. Quelle joie cause son apparition, je renonce à le

[1] *Typhique*, atteint de la fièvre typhoïde.

décrire; car il n'apporte pas seulement l'assistance matérielle, mais aussi les nouvelles et les lettres de France. C'est la patrie, c'est la famille dont on entend de loin l'écho; c'est comme le lien qui se renoue entre l'exilé et les siens. Aussi une pauvre femme, écrivant à son fils, mousse sur un des bateaux de pêche, *libellait-elle*[1] ainsi l'adresse : « Aux bons soins de l'Œuvre des mères. »

LES ŒUVRES DE MER (SUITE)

Le complément du navire-hôpital, ce sont les « maisons de famille » que la même œuvre a instituées dans les ports de débarquement de ces lointains parages. A qui douterait de leur utilité et ignorerait ce qu'est, pour le pêcheur, faute d'un refuge de cette espèce, l'emploi le plus fréquent de son séjour à terre, il suffirait de mettre sous les yeux les chiffres que voici : D'après un récent calcul, la station maritime de *Saint-Pierre et Miquelon*[2] a reçu, pour un seul semestre, un envoi comprenant 35400 litres d'absinthe, 102000 litres de rhum et d'eau-de-vie, 521 caisses de vermout, sans compter les autres liqueurs; bref, écrit un médecin, « de quoi alimenter un volcan et faire sauter une ville! »

---

[1] *Libellait*, écrivait (mères au lieu de mers).

[2] *Saint-Pierre et Miquelon*, îles françaises de l'Amérique du Nord.

Pour les sauver de ce péril, la maison de famille offre gratuitement aux matelots un abri confortable, des distractions honnêtes, livres, journaux, spectacles, phonographe.

Les seules boissons admises sont le coco pour les gens bien portants et, pour les enrhumés, l'infusion chaude d'*eucalyptus*[1]. La consommation quotidienne, à Saint-Pierre, de ces vertueuses boissons dépasse souvent l'hectolitre. Il ne faut donc pas s'étonner si les maisons de famille n'ont rencontré jusqu'à présent d'hostilité que chez les liquoristes.

En l'espace de dix ans, de 1897 à 1907, les navires-hôpitaux ont communiqué avec 6585 barques de pêche, fourni 12000 journées d'hôpital, procuré des médicaments à 1000 navires, distribué 212000 lettres; les maisons de famille ont, dans la même période, reçu près de 100000 visites. Quelle éloquence pourrait lutter avec cette simple *statistique*[2]?

(DE SÉGUR. — 1908.)

La contagion du bien n'est-elle pas aussi réelle que celle du mal? A l'effrayante excitation au vice qui s'étale publiquement, il faut opposer l'excitation à la vertu.

(DE SÉGUR.)

[1] *Eucalyptus*, arbuste originaire d'Australie, dont les feuilles aromatiques servent à faire des infusions.

[2] *Statistique*, compte établi avec autant d'exactitude que possible.

L'ABRI DU MARIN

Savez-vous ce que boit cet homme dans ce verre qui vacille en ses mains tremblantes d'ivresse? Il boit les larmes, le sang, la vie de sa femme et de ses enfants.

(LAMENNAIS.)

Les marins que le mauvais temps ou la mauvaise saison empêchent de prendre la mer vivent naturellement sur le port; ils guettent l'*embellie*[1], s'informent des prix de vente, des lieux de meilleure pêche; mais il fait froid, il pleut : on se réfugie au cabaret, au cabaret où pourrait bien périr cette noble race bretonne. Pour lutter contre ce fléau de l'alcoolisme, un *philanthrope*[2], M. de Thézac, a de ses propres ressources dressé, dans les villes de la côte, huit abris pour les marins. Voulez-vous que nous entrions, par exemple, dans l'abri de *Concarneau*[3]?

Sur la porte, voici une affiche : « L'établissement est exclusivement réservé aux marins. » C'est l'hiver, les mois d'inaction. Dans une vaste salle dont les cinq fenêtres ouvrent sur la mer, sept à huit cents pêcheurs de tous âges jouent aux dames, aux cartes, aux dominos. Au-dessus

[1] *Embellie*, éclaircie après l'orage ou la bourrasque.
[2] *Philanthrope*, voir page 118.
[3] *Concarneau*, petit port du Finistère.

de leurs têtes se balancent des petits bateaux modèles; aux murs s'alignent des quantités de cadres, photographies agrandies de sauveteurs héroïques, scènes de la vie maritime, beaucoup de cartes marines, toute une collection d'images et de chansons dirigées contre l'alcool. Les poutres du plafond elles-mêmes veulent parler à leurs hôtes. L'une d'elles nous dit : « On est ici pour s'aimer. »

Parole touchante et bien utile, dans ce rude peuple *celtique*[1], toujours prêt à former des *clans*[2] ennemis. Pour l'entendre, il faut avoir vu ces petites villes de la côte où chaque cabaret, d'ailleurs plein de querelles intérieures, est sur le pied de guerre en face du cabaret voisin. Qui donc irrite ainsi le cœur généreux de ces grands enfants? Rien que l'alcool. On n'en boit pas une goutte dans l'abri du marin.

Au dehors le vent fait rage, la brume pénètre et glace les plus endurcis. D'instinct héréditaire, il semble qu'ils ne pourraient se passer de mêler à leur sang les eaux-de-vie, rhum, wisky, vulnéraire, genièvre, punch, schnaps, sans parler des apéritifs, amers, bitters et absinthes. Quelle erreur! Aujourd'hui la mode est à la bienfaisante tisane d'*eucalyptus*[3]. Voyez au milieu de

[1] *Peuple celtique*, descendants des Gaulois, des Celtes de Bretagne.

[2] *Clans*, tribus ou groupements de familles.

[3] *Eucalyptus*, voir page 248.

l'abri cette marmite aux larges flancs. Elle contient 150 bolées de la fameuse infusion, servie chaude et sucrée. Au cours d'une seule année, les pêcheurs dans les abris en ont absorbé 88228 tasses. On ne s'arrête que faute de sucre. Leur enthousiasme pour l'eucalyptus s'étend, des feuilles qu'ils prennent en tisane, jusqu'aux fruits qu'ils voudraient mastiquer. Comment vous rendre l'accent d'un vieux loup de mer qui s'écriait : « Je ne chiquerais plus jamais de tabac, si j'avais des chiques d'eucalyptus ! »

Ces abris du marin, ce n'est rien moins qu'une vaste entreprise de sauvetage.

(M. Barrès. — 1907.)

Le médecin de la Préfecture de police affirmait que l'alcool est l'agent direct ou indirect des crimes dans une proportion de soixante-dix pour cent.

L'alcool abrutit les individus; il tue la race.

(P. Bourget.)

UN SECRÉTARIAT DU PEUPLE

Nous sommes tous égaux. — Jean-Pierre, il faut s'entendre :
. . . .
Un fainéant n'est pas l'égal d'un homme utile.

(J. AICARD.)

VOUS ne savez peut-être pas tous ce que c'est qu'un secrétariat du peuple. Le voici : les pauvres ont, comme les riches, des affaires d'intérêt, des soucis de famille ou de santé; mais ils n'ont point, comme eux, leur notaire, leur médecin ou leur avocat; et le temps, l'argent, les relations leur manquent pour en trouver. Ils ont bien leur député; mais les députés, qui sont obligés de tout savoir, ne peuvent pas tout faire!

Des hommes de cœur ont eu l'idée de créer, dans les quartiers populaires, de petits bureaux permanents où les travailleurs pourraient, dès qu'ils ont un ennui, venir demander aide et protection; ils ont trouvé des médecins, des notaires, des avocats, des jeunes gens de bonne volonté qui ont consenti à se mettre gratuitement au service des ouvriers, pour les soigner, les conseiller, les défendre, et faire, à leur place, en cas de besoin, les démarches nécessaires près des administrations publiques. Seulement, pour que ce bureau permanent fonctionne régulièrement, il est indispensable que quelqu'un en fasse son affaire, visite les gens, les reçoive, écoute leurs confidences et les adresse à qui de droit. Dans toutes les œuvres, il faut en venir là, trouver quelqu'un qui se donne! Eh bien, dans les secrétariats du peuple, ce quelqu'un c'est presque toujours, comme ceux qu'il s'agit d'obliger, un ouvrier, un employé, un commis, qui, sa journée finie, vient au bureau pour s'y tenir à la disposition des camarades, et les dimanches, ou quand il a quelque loisir, fait dans le quartier des visites de propagande et d'information. Y a-t-il, je vous le demande, un *plus bel exemple de fraternité, plus touchant, plus méritoire, plus capable aussi d'humilier et, s'il se peut, de faire réfléchir la tourbe des oisifs*[1]*, des inutiles et des égoïstes?* (*A suivre.*)

(A. de Mun. — 1901.)

Il n'y aura d'égalité que quand tous seront parfaits.

(E. Renan.)

---

[1] *La tourbe des oisifs*, la foule des paresseux, de tous ceux qui ne songent qu'à leurs plaisirs et sont par là méprisables.

LE SECRÉTAIRE D'UN PATRONAGE

(SUITE)

Je crois que le développement de notre puissance d'aimer nous vaudra un bonheur qui grandira chaque jour.

(TOLSTOÏ.)

C'EST l'histoire même de M. Paul Ravet : il est employé au chemin de fer de l'Ouest, il gagne trois mille francs, dont il consacre une partie au secrétariat du peuple, qu'il a fondé lui-même à Levallois-Perret dans son propre logement, et qui, grâce à lui, compte annuellement plus de trois cents clients. Le secrétariat du peuple de Levallois-Perret est installé au patronage des jeunes ouvriers, dont il est une annexe naturelle. C'est un patronage catholique, mais je n'en veux tirer aucune conclusion. Il n'y a point ici de question confessionnelle, encore moins de question d'opinion. Je connais beaucoup de secrétariats du peuple catholiques; ils cherchent à rendre service à tout le monde, sans distinction de croyance, ni de parti. J'en connais aussi de socialistes, j'espère qu'ils en font autant; mais, ce dont je suis sûr, c'est qu'ils ne réussissent, comme les autres, qu'à force de générosité personnelle, et parce qu'il y a un homme, ouvrier ou commis, passionné pour son œuvre, animé d'un véritable amour pour ses semblables et qui se donne à eux de tout cœur! J'ai rencontré, j'ai connu quelques-uns de ces socialistes ardents, dont le zèle m'a profondément édifié. Je ne demande aux autres que de continuer à rivaliser avec eux.

C'est une noble émulation et qui éveille en mon âme de fortifiantes pensées. Car elle atteste que notre vieille terre enferme en son sein une sève admirable de vie généreuse et, cachées dans ses sillons, des semences de dévouement qu'il suffirait de cultiver, pour en faire jaillir une moisson magnifique de concorde sociale.

Autour de nous, les esprits et les cœurs se heurtent en de douloureuses rencontres, et j'en sais qui font couler les larmes des vaincus! Mais plongez sous cette surface tumultueuse, et des entrailles nationales vous verrez surgir toute une foule d'humbles sacrifiés, étrangers aux luttes des partis, aux haines religieuses, aux passions politiques, *qui font, chaque jour, simplement et sans bruit, leur héroïque et modeste besogne. Cette foule, c'est la réserve de la patrie; c'est le peuple, le vrai peuple de France, celui qui travaille, qui souffre, qui, sans trêve, féconde de sa sueur le champ dévasté par nos querelles impies.*

(A. DE MUN. — 1901.)

Je crois que l'accroissement de l'amour en nous contribuera, plus que toute autre force, à créer un ordre nouveau où régneront la concorde, la vérité et la fraternité.

(TOLSTOÏ.)

LA MUTUALITÉ MATERNELLE

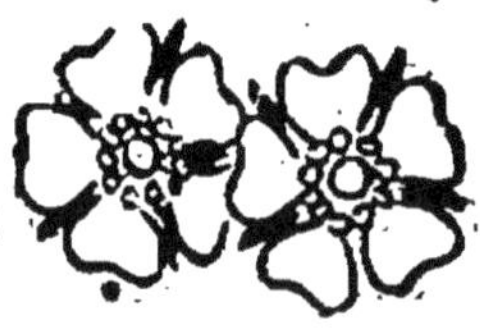

Le XXe siècle sera le rayonnement, l'épanouissement de la mutualité.

(J. CLARETIE.)

EN 1890, le Congrès de Berlin émit le vœu que la mère reprît son travail quatre semaines seulement après la naissance de l'enfant. L'année suivante, la Chambre des députés inséra cette disposition dans la loi sur le travail des femmes. Mais comment grever le budget d'une pareille charge? Ici encore, c'était à l'initiative privée qu'il appartenait d'agir. Ce que l'État ne pouvait faire, un ingénieux *philanthrope*[1], M. Félix Pous-

[1] *Philanthrope*, voir page 146.

Cl. Braun, Clément et Cie.

CHARDIN. — *La mère laborieuse.*

La mère laisse le dévidoir pour examiner la tapisserie commencée par sa fillette. « Vois, ma mignonne, ce que tu devras faire... » Et l'enfant écoute et regarde, très attentive. Et toutes deux sont charmantes de naturel et de grâce.

sineau, l'entreprit en 1891, avec trois *chambres syndicales*[1], d'abord pour les ouvrières de l'aiguille. L'ouvrière versait trois francs par an ; elle recevait, après ses couches, douze francs par semaine, et, si elle allaitait son enfant, une prime de dix francs. La jeune mère, hier enfant elle-même, chancelante, ébranlée, était assurée, en se préservant, de sauver aussi la fragile créature. Le succès de l'œuvre fut tel que, l'an dernier, son actif promoteur put l'étendre à l'ensemble des ouvrières du département de la Seine. Si les ressources le permettent, on pourra, l'an prochain, accepter quarante ou cinquante mille femmes, qui attendent leur admission. Le mouvement a gagné les départements. Et l'Italie, la Belgique, la Hollande, marchent sur les traces de la France.

On a fait plus : on a voulu suivre la mère et l'enfant non seulement pendant quatre semaines, mais pendant dix-huit mois; et pour cela, on a créé des *consultations de nourrissons*[2]. Paris a trente sections en exercice et cent vingt en formation.

La France, vous le savez, perd, chaque année, plus de cent cinquante mille enfants de un jour à un an, enlevés par des maladies qu'on pourrait en partie éviter. La Mutualité maternelle réduit la

---

[1] *Chambres syndicales*, associations de patrons ou d'ouvriers réunis pour la défense de leurs intérêts.

[2] *Consultations de nourrissons*, établissements où les mères peuvent recevoir gratuitement les conseils d'un médecin.

mortalité infantile de 25 à 6 p. 100 : il n'est pas, vous le voyez, de plus efficace remède au mal qui ronge notre race.

Les femmes, les jeunes filles s'empressent, toujours plus nombreuses, à cette tâche patriotique; elles s'ingénient à améliorer l'hygiène et le logement, à combattre l'intempérance; elles pénètrent au foyer et au cœur de l'ouvrière, partagent ses peines, ses joies les plus pures, et lui donnent confiance en l'avenir.

(P. Deschanel. — 1905.)

Les sociétés de secours mutuels sont le terrain neutre où tous les hommes de cœur se rencontrent; elles préservent le riche de l'égoïsme et le pauvre de l'envie; elles ne sont pas seulement une école d'épargne et de prévoyance, mais aussi d'efforts personnels, de tolérance, de fraternité.

L'INSTITUT PASTEUR

« O mon père et ma mère, ô mes chers disparus, c'est à vous que je dois tout. Soyez bénis l'un et l'autre pour ce que vous avez été. »

(PASTEUR.)

La *science au service de l'humanité*, telle pourrait être la devise à inscrire sur la médaille décernée à l'Institut Pasteur[1] et à son fondateur. Il ne faut pas moins qu'un tel mobile pour expliquer tous les actes d'une pareille existence, les longues années de recherche obscure et stérile en apparence, la patience obstinée sur des phénomènes dont la rencontre peut produire une vérité inaperçue, la *claustration*[2] absolue de cette vie, tenue à l'abri de toutes les curiosités et des vaines agitations du dehors, chaque journée consacrée à l'œuvre unique, chaque nuit ramenant sous l'œil de l'esprit la même pensée, l'insomnie elle-même devenant une autre forme du travail, cette dévotion à l'idée fixe, c'est le programme

---

[1] *Institut Pasteur*, établissement fondé à Paris par le grand savant Pasteur, en vue de permettre à ses élèves et à ses disciples de continuer l'étude des maladies microbiennes : rage, croup, peste, tuberculose, etc.

[2] *Claustration*, le savant s'enfermait dans son laboratoire, loin du monde, comme le moine dans son cloître.

(L'Institut Pasteur.)

Cl. Braun, Clément et Cie.

ÉDELFELT. — *Pasteur dans son laboratoire.*

même de Buffon : « Le génie est une longue patience, » une longue patience soutenue par une grande passion. — La passion du vrai et celle du bien, réunies en un seul homme, voilà une rencontre heureuse et rare. C'est cet homme, qui, sollicité de prendre un peu de repos par sa famille inquiète, faisait cette simple réponse, que j'ai surprise par une sorte d'abus de confiance : « Quand je ne travaille pas, il me semble que je commets un vol. » — Oui, un vol aux dépens de la souffrance, pâle d'effroi, qui attend à la porte de son laboratoire ! Ce grand travailleur, vous l'avez nommé, c'est Pasteur.

(CARO. — 1886.)

Un savant a dit : « Le mal, c'est la douleur d'autrui. » Avoir presque constamment présente à l'esprit la douleur d'autrui, songer qu'à l'heure où l'on est heureux, d'autres ne le sont pas, et se proposer cette tâche de prendre quelque chose sur son bonheur personnel pour diminuer la douleur et le malheur des autres, je réduirais bien volontiers toute la morale à cela.

(L. BOURGEOIS.)

Le plus grand de tous les hommes est le meilleur, et le meilleur est celui qui a le plus fait pour le genre humain.

(W. JONES.)

TOLÉRANCE ET BONTÉ

Prenons la vertu de quelque côté qu'elle vienne. Vertu laïque, vertu congréganiste; vertu philosophique, vertu chrétienne; vertu d'ancien régime, vertu de régime nouveau; prenons tout, croyez-moi; il y en aura assez; il n'y en aura pas trop pour les rudes moments que la conscience humaine peut avoir à traverser.

(E. RENAN.)

En pénétrant dans la vie des lauréats de l'Académie, en songeant aux belles actions de ces cœurs vaillants, on se sent devenir *plus humble*, *plus optimiste*[1], et j'ajoute, très *tolérant*[2]. Ceux qui méprisent ce qu'ils appellent les vertus *athées*[3] et ceux qui déclament contre les vertus *cléricales*[4] oublient tous que *tant vaut le cœur, tant vaut la doctrine*, et que les mêmes croyances, selon les cas, endurcissent ou dilatent les entrailles.

Dernièrement un jeune ingénieur s'occupait de donner de l'eau à un village de la Tunisie. Les Arabes lui dirent : « Elle ne viendra pas; tu as

---

1 *Optimiste*, content de l'humanité et confiant en la vie.

2 *Tolérant*, respectueux des croyances et des opinions d'autrui.

3 *Vertus athées*, de ceux qui nient l'existence de Dieu.

4 *Vertus cléricales*, des membres du clergé ou des pratiquants d'une religion.

négligé de te mettre en règle avec le *Marabout*[1], de lui acheter sa bénédiction en lui offrant un taureau noir. » Le taureau noir n'a pas été offert, et l'eau est venue, elle vient encore, et les Arabes la boivent.

Mécréants[2] ou croyants, nous avons tous nos marabouts, ce sont nos préjugés, et nous voudrions que l'univers se mît en règle avec eux et leur achetât leur bénédiction par ses complaisances.

Les Académiciens, en distribuant leurs prix, n'ont jamais pensé à s'informer de ce que peuvent croire ou ne pas croire les glorieux inconnus dont on leur signalait les belles actions. Ils sont aussi tolérants que le malheur. Pourvu que l'eau qu'elle lui présentait pour étancher sa soif fût saine à boire, le malheur n'a jamais dit à la pitié : « Quelle est ta foi? D'où sort ton eau, et par qui a-t-elle été bénie? »

(V. CHERBULIEZ. — 1891.)

La tolérance implique le respect de la personne humaine. C'est un des noms de la modestie et de la charité. Elle est la charité de l'intelligence.

(J. LEMAITRE.)

Puissent tous les hommes se souvenir qu'ils sont frères!

(VOLTAIRE.)

[1] *Marabout*, religieux musulman, sorte de saint dans la religion de Mahomet.

[2] *Mécréant*, qui ne croit pas ou qui n'a pas la vraie foi.

LE
PANTHÉON DES BONNES GENS

L'homme généreux, le héros a sa récompense dans la joie intime d'entendre
« Rire un peu le bonheur né de son sacrifice. »
(Ed. Rostand.)

Les auteurs de ces belles actions ont fait et font le bien tout naturellement, comme l'oiseau fait son nid, sans songer à la récompense.

D'ailleurs, quelle somme d'argent pourrait payer ces soins, ces dévouements, ces abnégations, ces sacrifices de toutes les minutes!

Quel éloge public vaudra le sourire d'un enfant rappelé à la vie, d'une mère rendue à ses enfants, de cet homme qui, après s'être abîmé dans les flots ou dans les flammes en poussant un dernier cri de prière ou de blasphème, rouvre les yeux et voit un homme qui passait par là ou qui est accouru exprès et qui a exposé sa vie pour la vie de son frère inconnu? Dans quelles mines d'or pur prendrez-vous de quoi payer ces actions-là? Combien *coterons*[1]-nous ces résurrections, ces baisers inespérés, ces larmes de reconnaissance et

[1] *Coter*, estimer, évaluer.

de joie mises en commun entre bonnes gens qui trouvent tout simple qu'on se protège, qu'on se secoure, qu'on meure l'un pour l'autre, qu'on s'aime enfin? Croyez-vous que ces modestes héros accomplissent ces actes de dévouement spontané ou de dévouement continu en vue des prix que l'Académie française décerne? Hélas! sommes-nous bien sûrs qu'ils savent qu'il y a une Académie française et que l'on y parle d'eux, à cette heure, dans un langage bien au-dessous de leur mérite? Quelques-uns de ceux que nous couronnons ont peut-être recours à l'instituteur pour savoir ce que nous disons de leurs bonnes œuvres, dont le souvenir devrait être, avec leur nom, gravé en lettres d'or sur des plaques de marbre dans les mairies et dans les écoles de leurs villages. Sur quels meilleurs tableaux les petits enfants pourraient-ils apprendre à lire et à vivre? Et pourquoi ne le ferait-on pas? Ce serait le *Panthéon*[1] des bonnes gens.

(A. Dumas. — 1877.)

Ces gens d'élite, d'une condition très modeste, devraient être nommés les grands de ce monde : ils sont la force, l'honneur, la consolation de notre pays.

(D'après Vicomte de Vogué.)

---

[1] *Panthéon,* temple élevé autrefois en l'honneur des dieux. A Paris, ancienne église Sainte-Geneviève affectée à la sépulture des grands hommes. Ici, lieu où l'on inscrirait les belles actions des braves gens dévoués.

TABLE ALPHABÉTIQUE DES AUTEURS

A

B

C

D

E

F

G

H

M

N

O

P

R

S

T

V

W

Z

Paris, impr. Ch. Delagrave. — 5-10.

A LA MÊME LIBRAIRIE

La morale dans les classes supérieures de l'enseignement primaire, dans les Écoles primaires supérieures et dans l'enseignement secondai (classes élémentaires et 1er cycle).

LA VIE CIVIQUE, *cours moyen et supérieur,* par A. BELOT, in-12 cart., ill. 1 7

Lectures républicaines des Écoliers et Écolières de France.

INSTRUCTION CIVIQUE, *cours supérieur,* par E. CAZES, in-12 cart. 1 2

MORALE, *cours supérieur,* par E. CAZES, in-12 cart. . . . 1 8

MORALE, à l'usage des Écoles primaires supérieures et Écoles professionnelles, par GÉRARD, in-12 cart. 2

PENSÉES et MAXIMES pour la pratique de la vie, par E. CAZES, in-18 br. . . . . **3 50**; toile. **4**

QUINZE ANS D'ÉDUCATION, par F. PÉCAUT, in-16 broché. . . . . **2 50**; toile. **3**

Ce sont, rapportés au jour le jour, les entretiens, sur tous sujets, du grand éducateur F. PÉCAUT avec ses élèves.

CHOIX des MORALISTES FRANÇAIS du XVIIe, du XVIIIe et du XIXe siècle, au programme, par C. BOUGLÉ et A. BEAUNIER in-12 toile. 3

LECTURES MORALES, par DESPOIS et Mme LABÉRENNE, à l'usage des Écoles primaires supérieures et Écoles professionnelles, in-12 cart. . . . . **2 75**; toile. **3**

LA MORALE enseignée par les grands écrivains, par E. LABBÉ, in-12 cart. 1

LES FRANÇAIS ILLUSTRES, par SIMON et TH. LEGRAND, préface de M. Eugène LINTILHAC. Biographies et Discours de nos plus grands hommes d'États, penseurs, savants et artistes, in-12 cart. 2 2

IMPR. PAUL SCHMIDT, PARIS-MONTROUGE (SEINE).

www.ingramcontent.com/pod-product-compliance
Ingram Content Group UK Ltd.
Pitfield, Milton Keynes, MK11 3LW, UK
UKHW020204250726
13967UKWH00003B/1254